Casulo

Memórias de uma Vida

Casulo

Memórias de uma Vida

Cai Chongda

ALTA BOOKS
GRUPO EDITORIAL
Rio de Janeiro, 2023

Casulo: Memórias de uma Vida

Copyright © 2023 da Starlin Alta Editora e Consultoria Eireli.
ISBN: 978-65-5520-788-0

Translated from original Vessel: A Memoir. Copyright © 2014 by Guomai Culture and Media Company Limited. ISBN 9780063038004. This translation is published and sold by permission of HarperCollins, the owner of all rights to publish and sell the same. PORTUGUESE language edition published by Starlin Alta Editora e Consultoria Eireli, Copyright © 2023 by Starlin Alta Editora e Consultoria Eireli.

Impresso no Brasil – 1ª Edição, 2023 – Edição revisada conforme o Acordo Ortográfico da Língua Portuguesa de 2009.

Todos os direitos estão reservados e protegidos por Lei. Nenhuma parte deste livro, sem autorização prévia por escrito da editora, poderá ser reproduzida ou transmitida. A violação dos Direitos Autorais é crime estabelecido na Lei nº 9.610/98 e com punição de acordo com o artigo 184 do Código Penal.

A editora não se responsabiliza pelo conteúdo da obra, formulada exclusivamente pelo(s) autor(es).

Marcas Registradas: Todos os termos mencionados e reconhecidos como Marca Registrada e/ou Comercial são de responsabilidade de seus proprietários. A editora informa não estar associada a nenhum produto e/ou fornecedor apresentado no livro.

Erratas e arquivos de apoio: No site da editora relatamos, com a devida correção, qualquer erro encontrado em nossos livros, bem como disponibilizamos arquivos de apoio se aplicáveis à obra em questão.

Acesse o site www.altabooks.com.br e procure pelo título do livro desejado para ter acesso às erratas, aos arquivos de apoio e/ou a outros conteúdos aplicáveis à obra.

Suporte Técnico: A obra é comercializada na forma em que está, sem direito a suporte técnico ou orientação pessoal/exclusiva ao leitor.

A editora não se responsabiliza pela manutenção, atualização e idioma dos sites referidos pelos autores nesta obra.

Dados Internacionais de Catalogação na Publicação (CIP) de acordo com ISBD

C548c   Chongda, Cai
         Casulo: memórias de uma vida / Cai Chongda ; traduzido por Wendy Campos. – Rio de Janeiro : Alta Books, 2023.
         320 p. ; 16cm x 23cm.

         Tradução de: Vessel
         ISBN: 978-65-5520-788-0

         1. Biografia. I. Campos, Wendy. II. Título.

2022-1308
CDD 920
CDU 929

Elaborado por Vagner Rodolfo da Silva – CRB-8/9410

Índice para catálogo sistemático:
1. Biografia 920
2. Biografia 929

Atuaram na edição desta obra:

Tradução
Wendy Campos

Copidesque
Ana Gabriela Dutra

Revisão Gramatical
Hellen Suzuki
Thais Pol

Diagramação
Joyce Matos

Produção Editorial
Grupo Editorial Alta Books

Diretor Editorial
Anderson Vieira
anderson.vieira@altabooks.com.br

Editor
José Ruggeri
j.ruggeri@altabooks.com.br

Gerência Comercial
Claudio Lima
claudio@altabooks.com.br

Gerência Marketing
Andréa Guatiello
andrea@altabooks.com.br

Coordenação Comercial
Thiago Biaggi

Coordenação de Eventos
Viviane Paiva
comercial@altabooks.com.br

Coordenação ADM/Finc.
Solange Souza

Coordenação Logística
Waldir Rodrigues

Gestão de Pessoas
Jairo Araújo

Direitos Autorais
Raquel Porto
rights@altabooks.com.br

Assistente Editorial
Caroline David

Produtores Editoriais
Illysabelle Trajano
Maria de Lourdes Borges
Paulo Gomes
Thales Silva
Thiê Alves

Equipe Comercial
Adenir Gomes
Ana Carolina Marinho
Ana Claudia Lima
Daiana Costa
Everson Sete
Kaique Luiz
Luana Santos
Maira Conceição
Natasha Sales

Equipe Editorial
Ana Clara Tambasco
Andreza Moraes
Arthur Candreva
Beatriz de Assis
Beatriz Frohe

Betânia Santos
Brenda Rodrigues
Erick Brandão
Elton Manhães
Fernanda Teixeira
Gabriela Paiva
Henrique Waldez
Karolayne Alves
Kelry Oliveira
Lorrahn Candido
Luana Maura
Marcelli Ferreira
Mariana Portugal
Matheus Mello
Milena Soares
Patricia Silvestre
Viviane Corrêa
Yasmin Sayonara

Marketing Editorial
Amanda Mucci
Guilherme Nunes
Livia Carvalho
Pedro Guimarães
Thiago Brito

Editora afiliada à: ASSOCIADO

ALTA BOOKS
GRUPO EDITORIAL

Rua Viúva Cláudio, 291 – Bairro Industrial do Jacaré
CEP: 20.970-031 – Rio de Janeiro (RJ)
Tels.: (21) 3278-8069 / 3278-8419
www.altabooks.com.br — altabooks@altabooks.com.br
Ouvidoria: ouvidoria@altabooks.com.br

Sumário

1.	Casulo	1
2.	A Casa da Minha Mãe	7
3.	Fragilidade	35
4.	Natal na UTI	67
5.	Amigos Celestiais	93
6.	Bella Zhang	125
7.	Tiny e Tiny	149
8.	Wenzhan	179
9.	Hope	219
10.	Não É Possível Esconder o Oceano	269
11.	Mil Cidades Idênticas	273
12.	A Pergunta a que Todos um Dia Devemos Responder	279
13.	O Regresso	285
14.	Para Onde Vai Este Trem?	299
	Posfácio	307

1
Casulo

Nana, minha bisavó materna, viveu até os 99 anos. Era uma mulher forte. Sua filha, minha avó, faleceu aos cinquenta e poucos anos. Os pais jamais deveriam ter que enterrar os filhos, mas foi exatamente o que minha Nana teve que fazer. Nossos familiares se preocupavam em como ela reagiria e se revesavam para cuidar dela. Quando chegou o momento de se despedir da filha, Nana ficou furiosa. Por razões que nem ela sabia, perambulou pela casa, praguejando. Abriu a tampa do caixão para ver a filha, depois foi até a cozinha inspecionar as oferendas para o funeral. Quando retornou à sala principal, viu alguém tentando matar uma galinha. Cortaram o pescoço da ave, mas sem interromper totalmente o fluxo da artéria carótida. A galinha corria sem rumo, esguichando sangue para todo lado. Nana foi até lá, agarrou a ave e jogou-a furiosamente no chão.

Os pés da galinha se contorceram no ar e finalmente pararam de se mover. "Você tem que ir até o fim — não deixe que o corpo torture a alma." Nana não era uma mulher estudada, mas tinha reputação de ser uma espécie de curandeira. De vez em quando, dizia algo que mais parecia saído de um daqueles grandes livros empoeirados.

Todos ficaram perplexos.

Nana não chorou no funeral. Mesmo quando o corpo de minha avó entrou no crematório, ela limitou-se a olhar de soslaio para a cena, como se seu silêncio desdenhasse daqueles que choravam e se lamentavam — ou talvez fosse apenas a letargia típica da idade.

Era o meu primeiro ano no ensino fundamental. Eu não entendia como ela podia ser tão fria. Durante o funeral, me aproximei dela algumas vezes para perguntar: "Nana, como é possível você não estar triste?" A expressão em seu rosto salpicado de manchas senis se tornou mais suave e serena. Esse era o sorriso de Nana.

"É porque não guardo rancor", respondeu ela.

Ouvi-a dizer essas palavras muitas vezes mais em minha vida. Após a morte de minha avó, Nana costumava ficar em nossa casa. "Antes de morrer, sua avó me disse: Blackie não tem mais avós, e seus pais estão sempre ocupados. Quero que você cuide dele", contou Nana.

Nana era uma mulher implacável. Dava para notar até na forma como picava os vegetais. Ela cortava os caules e as folhas com a mesma força que usava para desmembrar costeletas de porco. Certa vez, Nana estava trabalhando na cozinha e a ouvi dizer "*ai-ya*", com toda a calma.

Gritei para ela: "O que aconteceu?"

"Estou bem", informou. "Só cortei fora a ponta do meu dedo." Todos na família se agitaram, mas ela permaneceu impassível.

Enquanto a ponta do dedo de Nana era reimplantada, minha mãe e eu nos sentamos em um banco no corredor do hospital e ela me contou uma história. Quando o filho de Nana — tio de Mamãe — era criança e ainda não sabia nadar, ela o jogou no mar. Essa foi a maneira que Nana encontrou para ensiná-lo. Ele quase se afogou, mas um vizinho nas proximidades pulou na água a tempo de salvá-lo. Alguns dias depois, o mesmo vizinho viu-a jogar novamente o filho no mar. Ao ouvir as pessoas a chamarem de insensível, ela respondeu com frieza: "Façam com que o corpo sirva a vocês, e não o contrário!"

Quando Nana saiu do hospital, perguntei se a história era verdadeira, pois não consegui me conter. "É verdade", disse ela, sem rodeios. "Seu corpo é apenas um casulo. Se esperar que ele faça algo por você, estará perdido. Se puser seu corpo para trabalhar, poderá começar a viver." Para ser honesto, na época, não entendi o que ela queria dizer.

Sempre imaginei que Nana devia ser feita de pedra: era tão dura que nada a atingia. Em nossa pequena cidade, sua reputação era de uma senhora vigorosa. Mesmo com mais de noventa anos, ela caminhava sozinha, com seus pés de lótus, do vilarejo onde morava até nossa cidade. Quando tentávamos lhe arranjar uma carona para voltar, sua resposta era sempre a mesma: "Você tem duas opções, me acompanhe até minha casa ou deixe que eu vá sozinha." Assim, a imagem de um jovem ajudando uma senhora a caminhar pela trilha de pedra que levava até os limites da cidade se tornou uma cena comum.

Entretanto, por mais forte que fosse, eu a vi chorar. Aconteceu quando Nana tinha uns 92 anos. Ela subiu no telhado de sua casa para consertar um buraco. Foi descuidada, perdeu o equilíbrio e escorregou lá de cima. Quando conseguiu entrar em casa, precisou ficar confinada à sua cama, imóvel. Fui visitá-la e, ao me ouvir chegar, antes mesmo que eu abrisse a porta, ela berrou: "Meu bisneto, que bom menino... Sua Nana não consegue se mexer. Nana está presa aqui." Uma semana depois, ela insistiu — com muita teimosia — em voltar a andar, mas só conseguiu dar alguns passos antes de cair novamente. Nana chorou e me fez prometer que iria visitá-la o máximo possível. Todos os dias, ela se levantava e, apoiada em uma cadeira, caminhava até a porta da frente, onde se sentava para me esperar. Eu ia vê-la sempre que podia e, mesmo depois de sua recuperação, continuei as visitas, sobretudo quando algo me incomodava. Sentado ao seu lado, eu sentia uma tranquilidade indescritível.

Depois que fui para a universidade e arranjei um emprego na cidade, as visitas diminuíram. Porém, sempre que enfrentava períodos de dificuldade, pedia um dia de folga e voltava para passar uma tarde com ela. Quando contava a Nana o que estava me aborrecendo, ela nem sempre entendia — mas, como tinha problemas auditivos, talvez nem me escutasse. Sempre que eu via um leve sorriso de perplexidade se espalhar pelo seu rosto, suavizando as rugas que o tempo esculpira, me sentia totalmente em paz.

Eu soube de sua morte em uma manhã corriqueira. Minha mãe me telefonou para avisar que Nana partira, e então nós dois começamos a chorar. Ela me disse que Nana deixara um recado: "Não permita que Blackie chore. A morte é só mais um degrau da escada. Se vocês se lembrarem de mim, estarei presente. Será ainda mais fácil visitá-los quando estiver livre deste corpo."

Foi então que finalmente entendi suas palavras daquele dia, que pude compreender sua visão de mundo: a vida seria muito mais fácil se não ficássemos aprisionados por nosso corpo e seus desejos vis. Nana, eu lembro bem. "Seu corpo é apenas um casulo. Se esperar que ele faça algo por você, estará perdido. Se puser seu corpo para trabalhar, poderá começar a viver." Por favor, prometa que virá me visitar.

2
A Casa da Minha Mãe

Minha mãe queria construir a casa mesmo sabendo que dentro de um ano ou menos seria destruída.

A decisão foi tomada quando voltava da prefeitura. Ela viu os planos de demolição nas paredes da sala de exposição. A linha rabiscada a lápis no mapa não era muito precisa, mas deixava claro que dividiria nosso terreno como uma faca cortando um pedaço de tofu.

Minha mãe imaginou o som da linha dividindo sua nova casa ao meio — não um estalo abrupto, era mais como um gongo. O som ecoou em seus ouvidos ao longo de todo o caminho de volta. Ela me disse que estava com dor de cabeça.

"Talvez seja o clima", justificou. "O ar está ruim. Talvez seja só cansaço pela caminhada ou o inverno muito seco." Perguntou se podia descansar. Apoiou-se no muro de uma casa, virou de costas para mim e cobriu o rosto com as mãos.

Eu sabia que não tinha nada a ver com o clima; que não era cansaço; que não era o ar de inverno, seco demais. Sabia que, ao esconder o rosto diante daquele muro, ela tentava acalmar o mar revolto em que se transformara seu coração.

A casa de quatro andares para a qual voltávamos era simples. Mesmo de fora dava para ver que não era um palacete. O terreno tinha cerca de 185m² e a casa — uma construção antiga de alvenaria e fachada manchada pelo tempo — ocupava a metade norte de um quintal bagunçado. Era óbvio, à primeira vista, que ela não fora construída de uma vez: os dois andares inferiores eram voltados para o oeste, com duas portas grandes que davam acesso à rua, fruto de um plano ingênuo de minha mãe de montar uma loja; os dois andares superiores eram voltados para o sul e pareciam inacabados, deixando à mostra o tijolo e o concreto.

Toda vez que eu retornava de Beijing, ao caminhar pela viela em direção ao pátio e avistar a casa de longe, pensava em corais. É assim que eles crescem — para cima — e, quando morrem, proporcionam um lar para novos corais, que continuam crescendo na mesma direção. O ciclo da vida segue seu rumo, e os mortos e os vivos são empilhados juntos.

Às vezes, quando eu estava em minha mesa e me cansava de trabalhar, abria o Google Maps em minha pequena cidade natal, lentamente aproximando a imagem, cada vez mais perto, até conseguir enxergar os contornos nebulosos de minha casa. Eu visualizava o azul pálido do globo terrestre e aumentava o zoom até a casa incrustada de forma desajeitada em nosso terreno. Pensei em todos que olham para aquelas casas ao longo dos anos, seja ao caminhar pela viela, seja ao espiar casualmente pela janela de um avião: nem sequer devem notá-las, quem dirá lançar um olhar mais atento. Quem poderia imaginar as desoladoras histórias ocorridas dentro daquelas paredes? De novo, são como corais aninhados no fundo de um aquário. Sua finalidade é realçar, por contraste, a beleza dos peixes. O ciclo de vida dos corais, com sua narrativa de morte e legado, pode ser tão comovente quanto minha própria história, mas quem prestaria atenção neles?

Já ouvi a história desse pedaço de terra muitas vezes. Minha mãe tinha 24 anos e meu pai, 27. Seu primeiro encontro foi supervisionado por um casamenteiro. Eles eram tímidos demais até para se olhar e, naquele momento, os cursos de suas vidas se entrelaçaram. O governo havia confiscado as terras de meu avô paterno e suas ambições foram substituídas por um cachimbo de ópio. Quando meu pai chegou à adolescência, sabia que ele e os irmãos não teriam vantagens na hora de encontrar uma esposa. Ele não tinha casa nem dinheiro. No primeiro encontro, meu pai levou minha mãe para conhecer aquele terreno e prometeu que o compraria para ela e construiria uma grande casa.

Minha mãe acreditou.

Eles compraram o terreno três anos depois de se casar. Meu pai juntou suas economias com a insignificante soma que recebera como dote da família de minha mãe. E, então, o problema passou a ser arranjar o dinheiro para construir a casa. Mas meu pai ainda fazia parte de uma gangue na época, e era um jovem destemido. Bateu no peito e saiu determinado a conseguir o dinheiro. Ele decidiu construí-la na parte da frente da propriedade, deixando espaço para outra ala, que pretendia construir mais tarde.

Papai manteve sua palavra. Minha mãe sempre se recorda disso como o momento mais glorioso dele.

Ela se lembra de toda a preocupação com a dívida — de milhares de yuans — e do olhar no rosto de meu pai lhe dizendo: "Será fácil pagar!" Minha mãe falava sobre essa época com emoção e sempre terminava dizendo que, naquele momento, soube que ele era um homem de verdade.

Entretanto, meu pai acabou não sendo tão corajoso quanto imaginava. O único motivo de ter sido tão destemido era não ter ideia do quanto havia a temer. Minha mãe costumava dizer isso anos mais tarde para zombar dele.

Um ano depois, meu pai teve seu desejado filho. É aí que eu entro na história. Segundo a lenda da família, após segurar o pequeno bebê em seus braços, ele teve uma terrível noite de insônia. Na manhã seguinte, se levantou bem cedo e sacudiu minha mãe, indagando: "O que diabos há de errado comigo?"

O homem destemido e sossegado foi substituído pelo pai preocupado e carrancudo que vim a conhecer. A ansiedade roubou seu apetite. Minha mãe já havia percebido que ele não era tão invencível quanto fazia parecer. Três dias após meu nascimento, recebemos alta do hospital. Meus pais não tinham dinheiro para arcar com uma estadia mais longa.

Eu sou o segundo filho de meus pais. Minha irmã é a primogênita. A preocupação de que meu pai fosse demitido de seu emprego público por violar a política do filho único pairava sobre eles. Por esse motivo, decidiram que meu parto seria em Xiamen. A única maneira de voltar para casa era pedindo carona. Meu pai me carregou nos braços, enquanto minha mãe, ainda fraca pelo parto, se esforçou ao máximo para cuidar de si mesma. Em silêncio, eles caminharam juntos até a rodovia. Nem sequer tinham certeza de que chegariam em casa.

Eles se depararam com um lago. Meu pai parou nas margens e o observou, franzindo o cenho. Depois se virou para minha mãe e desabafou: "Conseguiremos mesmo chegar em casa?"

Minha mãe sentia tantas dores que cada passo parecia o último, mas ela forçou um sorriso e disse: "Só mais alguns passos. Deus sempre oferece um caminho."

Meu pai deu mais alguns passos e se virou novamente. "Conseguiremos mesmo chegar em casa?"

E deu mais alguns passos.

E seguiu em frente até chegar a um cruzamento. O motorista do carro que parou era um homem de nossa cidade retornando de uma viagem a Xiamen para reabastecer sua loja.

"Só mais alguns passos." Como funcionou da primeira vez, essa frase se tornou uma espécie de lema para minha mãe. Ela apostara o próprio futuro em meu pai e era assim que o encorajava.

Como temia, meu pai foi demitido do emprego público e multado com a perda dos cupons de grãos por três anos. Fragilizado pela ansiedade, a notícia o paralisou. Ele se recusava a procurar trabalho. Minha mãe ficava calada. Ela mesma procurava emprego e fazia o que podia — costureira, tecelã, empacotadora. O carvão usado em casa era furtado dos vizinhos. O peixe que nos alimentava no jantar era suplicado a parentes. Minha mãe não consolava meu pai, mas também não perdia a calma. Durante três anos, carregou silenciosamente o fardo de sustentar a família.

A situação mudou em um dia fatídico, quando meu pai fazia sua caminhada habitual até a frente de casa. Ele parou ao lado do portão e observou os vegetais e a criação de patos e galinhas de minha mãe. Então se virou, voltou para dentro e comunicou a ela: "Vou procurar um emprego." Um mês depois, ele partiu para Ningbo a fim de trabalhar como marinheiro.

Após três anos, meu pai voltou com dinheiro suficiente para construir uma casa de alvenaria.

Ele gastou um dinheirão. Contratou um canteiro, que esculpiu um painel de pedra para o portão; nele, havia o desenho de dois passarinhos e um dístico poético com os nomes de minha mãe e de meu pai. O canteiro trabalhou em segredo e meu pai pediu que cobrisse a peça com um tecido vermelho depois que a colocasse no portão. Quando chegou o momento, meu pai tirou o pano, revelando a homenagem. E foi assim que os nomes deles passaram a adornar a primeira casa de alvenaria.

Eu tinha seis anos na época. Vi minha mãe admirando o dístico, sem palavras, com a mão cobrindo a boca. A alguns passos de distância, meu pai a observava, orgulhoso.

No dia seguinte, houve um banquete de comemoração. Meu pai fez outro comunicado: ele não voltaria para o trabalho em Ningbo.

Nossos parentes tentaram persuadi-lo a não se demitir. Eles o lembraram de que um emprego como aquele não aparecia com frequência; meu pai ganhava duas vezes mais do que a maioria das pessoas da cidade e, por trabalhar em navios, sempre havia oportunidade de contatos para trabalhos extras. Papai não explicou sua decisão. Ele os ignorou e jurou que não voltaria. Alguns de nossos parentes tentaram argumentar, em defesa de minha mãe, mas ela limitou-se a dizer com toda calma: "Nem percam tempo. Não adianta."

Meu pai nunca voltou a Ningbo. Pegou o dinheiro que ganhou nos navios e abriu um hotel, um restaurante de frutos do mar e um posto de gasolina. Foi um processo lento e constante de fracasso. Conforme cada negócio afundava, era como se ele morresse aos poucos. Parou de se cuidar e se tornou calado e mal-humorado. Eu estava no segundo ano do ensino médio quando meu pai teve seu primeiro AVC. Ele acabara de acordar de sua soneca da tarde e estava prestes a sair para abrir a loja. Desabou no quintal sem qualquer aviso.

No hospital, quando meu pai estava na maca a caminho da cirurgia, minha mãe finalmente perguntou: "Aconteceu alguma coisa em Ningbo? Você estava fugindo de algo?"

Ele forçou um sorriso, mostrando os dentes manchados de nicotina. "Eu sabia", disse minha mãe em tom categórico.

Atualmente, só resta a metade sul da casa de alvenaria que meu pai construiu.

Quando volto para minha pequena cidade, sempre passo por lá. A parte principal da casa foi demolida, mas a ala oeste, onde meu pai ficou após o AVC, ainda está de pé, assim como a ala leste, onde minha irmã morou antes de se casar.

Meu pai teve mais dois AVCs enquanto ocupava a ala oeste da antiga casa. O corpo paralisado ao qual ficou aprisionado até a morte foi forjado naquela casa. Foi na ala oeste que minha irmã chorou porque éramos pobres demais para que conseguisse um casamento. Ela me disse que nossa família nunca seria capaz de pagar um dote. Já estava decidida a se casar com um homem pobre como ela e passou a cortar relações com amigos em melhor situação financeira.

Eu me recordo vividamente daquela noite. Minha irmã saiu com o namorado e voltou sozinha, quinze minutos depois. Esgueirou-se direto para seu quarto, certificando-se de que nossos pais não a vissem, e me chamou para conversar. Seu rosto estava vermelho; os olhos, marejados, mas ela não deixou cair uma única lágrima. Demorou um bom tempo até que se acalmasse o suficiente para conseguir falar. Suas palavras foram: "Você tem que me prometer que não fará questionamentos a respeito dele. Se Mamãe e Papai perguntarem, não conte o que aconteceu."

Eu assenti.

Anos mais tarde, descobri que, naquela noite, quando minha irmã saiu com o namorado, ele indagou: "Que tipo de dote seus pais podem oferecer?"

Minha mãe finalmente alugou a antiga casa para uma família que acabara de se mudar. O aluguel mensal foi estipulado em 150 yuans e o valor permaneceu o mesmo por dez anos. O espaço minúsculo abrigava seis pessoas e um cachorro. Em pouco tempo, todos os vestígios de minha família ou do nosso lar haviam sido apagados.

Logo depois que foi alugada, entrei na casa algumas vezes. Após o AVC, meu pai costumava cair enquanto tentava se deslocar, deixando manchas de sangue no piso, que agora estavam escondidas sob uma camada de gordura e sujeira. O vão debaixo da escada — reformado com todo esmero por meu pai para servir de quarto de brinquedos — estava repleto de quinquilharias dos novos inquilinos.

Na época, minha mãe também costumava passar pela antiga casa, embora eu não soubesse se, assim como no meu caso, sua visita era uma busca consciente por algo ou se era levada até lá por uma espécie de atração involuntária e irresistível.

Conhecendo minha mãe, acredito que deva ter alugado a casa para aquela família por saber que eles apagariam todas as lembranças. Somente uma família daquele tamanho, espremida em uma casa minúscula, seria capaz de preenchê-la com felicidade e sofrimento. A vida de outra família cobrindo, como uma leve demão de tinta, sua antiga vida naquela casa — era exatamente o que minha mãe precisava. Fornecia um certo distanciamento.

A nova casa de quatro andares nunca me pareceu um lar de verdade.

Ela fora construída quando eu estava no terceiro ano do ensino médio, dois anos após o primeiro AVC de meu pai. Certo dia, minha mãe me chamou ao seu quarto, abriu a gaveta da escrivaninha e tirou um maço de dinheiro. Ela me disse que tínhamos 100 mil yuans; fruto de suas próprias economias, do salário que minha irmã ganhava como contadora e das contribuições de meus trabalhos de revisão e aulas particulares. Segundo ela, como eu era o chefe da casa, poderia decidir o que fazer com o dinheiro. Sem pensar muito, respondi que devíamos continuar economizando.

Durante os dois anos em que meu pai esteve doente, minha mãe costumava sair de casa todo dia por volta das 20h ou 21h, carregando uma sacola de pano. Toda vez que ela retornava de seu passeio noturno, jogava alguma coisa no quintal e depois entrava em casa como se suas idas e vindas àquela hora da noite fossem normais. Minha irmã e eu fingíamos que não sabíamos o que estava acontecendo. No entanto, já sabíamos muito bem que suas saídas furtivas tinham o propósito de recolher folhas de repolho, de rabanete e outros itens descartados no chão da feira. Ela os guardava no quintal e, pela manhã, lavava tudo e removia as partes apodrecidas. Depois, servia os vegetais sem revelar de onde vieram. Combinados com quatro almôndegas, os restos da feira eram suficientes para uma refeição. Nunca contamos que sabíamos. Mesmo cientes da verdade, não queríamos encarar as consequências de desmascarar a mentira.

Naquela noite, após dizer à minha mãe que achava melhor continuarmos a economia de dinheiro, ela me comunicou que gostaria de construir uma casa.

"Antes de seu pai ficar doente, ele costumava falar sobre construir uma casa. Então é isso que eu gostaria de fazer", revelou. Essa era sua justificativa.

"Mas ele ainda tem muitas despesas médicas", argumentei.

"Quero construir uma casa", respondeu ela.

Mamãe parecia uma garotinha fazendo birra em uma loja de brinquedos até que os pais comprassem a boneca desejada.

Concordei. Isso significaria mais alguns anos comendo vegetais de origem "desconhecida". Mas compreendia seus sentimentos. Pensei em nossos parentes que mudavam de calçada para evitar nos encontrar pelas ruas ou fingiam que éramos invisíveis caso nos vissem no templo ancestral na hora das oferendas.

Eu sabia que a casa seria uma forma de minha mãe enviar uma mensagem para o mundo. Assim que estivesse construída, ela poderia reerguer a cabeça, com orgulho.

Quando fizemos os cálculos, havia dinheiro suficiente para derrubar metade da casa antiga e construir um pequeno sobrado. Minha mãe escolheu um dia auspicioso para iniciar a construção e, apesar de nem sequer ter concluído o ensino fundamental, desenhou o projeto da nova casa. Faltavam duas semanas para eu fazer a prova de admissão na universidade. Antes que a antiga casa fosse demolida, tivemos que lidar com as preparações, que incluíam uma divisão da família: meus pais ficaram na ala oeste da antiga construção, e minha irmã — que já tinha idade suficiente para que meus pais ansiassem pelo dia de sua mudança após um casamento — se instalou na ala leste. Eu não tinha onde ficar, então fui para a moradia escolar.

Uma semana antes da demolição e do início da nova construção, minha mãe insistiu em comprar um cordão de bombinhas. Sempre que fazia sol, ela o colocava no telhado para aquecer. Em sua opinião, era a melhor maneira de garantir que estourasse com um som alto e claro. Naquele verão, houve algumas tardes de chuva intensa e inexplicável. Mamãe corria assim que percebia as primeiras gotas de chuva para recolher as bombinhas e secá-las na frente do ventilador. Ela cuidava daquelas bombinhas como se fossem um recém-nascido.

Quando chegou o dia da demolição, um dos trabalhadores pegou uma marreta e deu um golpe na parede em uma espécie de cerimônia de início. Sob o olhar dos vizinhos, minha mãe foi até o meio da rua, desenrolou delicadamente o cordão de bombinhas e acendeu o pavio.

O som foi tão impressionante quanto ela havia imaginado. A fumaça azul-esverdeada das bombinhas flutuou no ar, se misturando com a poeira da estrada. Enquanto a fumaça e o barulho preencheram a viela, ouvi o longo e profundo suspiro de minha mãe.

A construção de uma casa é um processo exasperante, sobretudo quando exige endividamento. Minha mãe dividia seu tempo entre o posto de combustível e a obra. Ela mal pesava 45kg, mas punha cada grama de sua força no trabalho. Depois de empurrar tonéis de combustível no posto, carregava tijolos nos ombros para a obra. Seu corpo tremia sob o peso da carga, movendo-se entre pilhas de tijolos da altura dela. E, quando terminava, ela se apressava para cuidar de meu pai.

Com uma mãe assim, não tinha como eu relaxar. Quando a aula acabava, eu corria para casa e a encontrava pingando de suor — mas sempre com um sorriso no rosto. Ao se cansar, ela sentava onde estivesse e descansava até recuperar o fôlego. Mesmo exausta, ofegante em meio à poeira, Mamãe nunca deixava de sorrir.

Sempre que alguém passava pela obra, não importava o quanto estivesse esgotada, ela aparecia e dizia: "Meu filho deseja uma casa nova para quando se casar. Eu disse para não se incomodar, mas ele insistiu. O que posso fazer? Se quer ser ambicioso, preciso apoiá-lo."

Meu maior temor se tornou realidade em uma tarde, uma semana antes de minha prova de admissão. Mamãe estava trabalhando na obra e, de repente, levou a mão na barriga e desmaiou. Não demorou muito para que o médico fizesse o diagnóstico: apendicite aguda.

Quando consegui chegar ao hospital, a cirurgia já havia terminado. Eu a encontrei sentada no leito da ala de internação no segundo andar. Mamãe sorriu ao me ver: "O alicerce já está pronto?", indagou, preocupada que eu fosse brigar com ela.

Eu estava prestes a perder a calma, mas me contive ao ouvir o andar arrastado, a respiração ofegante e o bater de uma bengala. Era meu pai, que partira para o hospital assim que soube da notícia. Após manquejar até a estrada principal, ele conseguiu um táxi, mas, ainda assim, demorou quase quatro horas para chegar.

Papai se arrastou até o quarto, apoiando-se com força na bengala e, então, subiu com cuidado na cama ao lado. Terminada sua longa jornada, ele suspirou aliviado. Ainda ofegante, perguntou à minha mãe: "Você está bem?"

Ela assentiu.

Papai franziu a boca, tentando retomar o fôlego e obrigar os músculos faciais a cooperarem. E tornou a perguntar: "Você está bem?" Dava para ver que seus olhos estavam vermelhos. "Você está bem, mesmo?" Os lábios dele tremeram como os de uma criança prestes a chorar.

Eu fiquei ali parado, em silêncio.

Quando a obra terminou, eu já tinha ido para a universidade. A nova casa demorou seis meses para ser concluída, e minha mãe fora obrigada a pedir dinheiro emprestado a meus tios. Porém, isso era tudo o que eu sabia, pois ela nunca me contou o valor. Eu também sabia que Mamãe devia dinheiro ao carpinteiro pelo serviço do portão. Toda semana, ela fazia a contabilidade do posto de combustível, separava o lucro e saía para pagar suas dívidas.

Chegada a hora de se mudar para a casa nova, minha mãe quis manter a tradição local, o que significava oferecer um banquete para os parentes, mesmo sabendo que custaria pelo menos 10 mil yuans.

Na noite do banquete, ela não conseguia parar de sorrir. Quando os convidados partiram, Mamãe pediu para que eu e minha irmã recolhêssemos toda a comida que poderia ser aproveitada. Eu sabia que comeríamos as sobras por pelo menos uma semana.

Minha irmã foi a primeira a protestar. "Por que você está gastando dinheiro feito maluca?"

Mamãe se manteve calada e continuou a arrumar as coisas. Mas minha irmã havia quebrado o silêncio e eu não consegui mais me conter: "Não sei nem como pagarei a universidade no ano que vem."

"Por que você se importa tanto com o que as outras pessoas pensam?", emendou minha irmã. "O que ele fará se não conseguir pagar a universidade? E o que faremos com as despesas médicas?" Minha irmã começou a chorar.

Mamãe permaneceu em silêncio por um bom tempo. O único barulho era o choro de minha irmã.

"Vocês sabem qual é a minha razão de viver?", perguntou minha mãe. "Eu vivo para isso — para esse suspiro de orgulho quando tudo termina e enfim podemos erguer a cabeça. Nada mais importa."

Foi a primeira vez que ela ficou brava conosco desde o AVC de meu pai.

Nessa época, como eu me desdobrava entre os estudos e meu trabalho no jornal, além das aulas particulares durante as férias de verão e inverno, a casa nova continuou sendo apenas um alojamento temporário.

No entanto, Papai estava bastante satisfeito. Desde que teve o lado esquerdo do corpo paralisado, ele tinha dificuldades para se locomover, mas saía todo dia, se sentava ao lado do portão e cumprimentava todos que passavam. "Impressionante o que minha velha esposa construiu, não é?"

Porém, sua satisfação durou pouco. Não sei quem colocou essa ideia em sua cabeça, mas uma semana depois ouvimos ele falar para um dos transeuntes: "Minha esposa não me dá dinheiro para as despesas médicas. Ela gastou tudo para construir uma casa para nosso filho, à custa de meu tratamento, e me deixou assim — não posso nem andar."

Sempre que Mamãe chegava ou saía, era alvo das terríveis acusações de meu pai. No início, ela não lhe dava ouvidos, mas a fofoca se espalhou como rastilho de pólvora pela pequena cidade. O fato de o autor das acusações ser um homem inválido lhes atribuía ainda mais peso.

Certa noite, enquanto estava na universidade, recebi uma ligação de uma tia distante me pedindo que eu fosse para casa. Minha mãe havia lhe telefonado em uma tarde e, sem muitas explicações, me enviado o seguinte recado: "Quero que fale para Blackie que paguei quase todas as nossas dívidas, mas que ainda falta uma parte. Não quero que ele se esqueça dos 3 mil yuans que devemos ao Sr. Cai, o carpinteiro. Essas pessoas nos ajudaram quando precisamos, então gostaria que ele cuidasse disso. Diga, também, que o pai dele precisa tomar o remédio para o coração toda noite, por volta das 19h. É necessário garantir pelo menos um mês de cada medicamento e, não importa o que aconteça, ele precisa assegurar que o pai tome os remédios. Avise que guardei um pouco de dinheiro para o dote da irmã dele; há também as minhas joias, mas o restante eu espero que ela mesma consiga juntar."

Cheguei em casa o mais depressa que pude. Vi que Mamãe tinha feito uma tigela de sopa de carne de porco magra e ginseng. Era sua favorita. Ela sempre preparava esse prato quando estava doente. Fosse pelos reais atributos medicinais ou apenas pelo efeito placebo, ela sempre se sentia melhor no dia seguinte.

Mamãe me ouviu entrar, mas não disse nada. Eu falei primeiro.

"O que você está fazendo?"

"Estou tomando sopa", respondeu ela.

Olhei para a sopa. Parecia mais espessa que o normal. Adivinhei o que estava acontecendo. Caminhei até Mamãe e afastei a tigela.

Naquele instante, mesmo sem dizer uma palavra, ambos sabiam o que estava acontecendo.

Ela desabou em lágrimas ao me ver despejar a sopa na pia. "Não quero desistir", afirmou. "Você acha que foi fácil, para mim, tomar essa decisão? É muito humilhante desistir agora."

Aquela noite trouxe à tona o que vinha espreitando em nossos corações. Nos momentos de dificuldade, a ideia de acabar com tudo pairava como um espírito maligno. Mas nenhum de nós ousava falar sobre isso.

Pensei que Mamãe estava frágil demais para ouvir aquelas palavras, e ela pensou o mesmo de mim.

Mas naquela noite o fantasma ganhou um corpo.

Minha mãe me levou em silêncio até o quarto que dividia com meu pai. Ele havia deitado após o jantar e já estava dormindo pesado, seu ressonar infantil preenchia todo o ambiente. Mamãe abriu uma gaveta e retirou uma caixa. Dentro dela havia uma sacola de papel enrolada em um lenço.

Era veneno de rato.

"Comprei depois que seu pai ficou doente", explicou calmamente. "Foram muitos momentos em que achei que não aguentaria mais. Eu pegava o veneno para colocar na sopa, mas não conseguia e o guardava de novo."

"Não consigo fazer isso", respondi. "Não estou pronto para aceitar, ainda acredito que as coisas possam melhorar."

Naquela noite, tentei convencê-la a desistir. Sabia que, como chefe da família, eu poderia proibi-la de levar aquilo adiante. Até para algo como suicídio, ela precisava de minha aprovação. Mamãe me deu sua palavra. Parecia uma criança. Sentou-se ao meu lado e começou a chorar.

Confisquei a sacola de papel. Enfim me senti como o chefe da família.

E, mesmo tendo assumido essa função, eu estava longe de me sentir preparado. Na semana seguinte à apreensão do veneno de rato, meu pai teve um ataque de fúria e busquei a sacola de papel, gritando que seria melhor se todos morrêssemos de uma vez. Eles me olharam perplexos. Mamãe arrancou o veneno de minhas mãos, me encarou e guardou-o no bolso. Nos dias após a revelação do segredo, o veneno de rato se transformou em uma das táticas de minha mãe para encerrar conflitos familiares. Sem dizer uma palavra, ela subia até o quarto e, imediatamente, qualquer discussão em andamento era esquecida, e todos sentávamos em silêncio, ouvindo. Naqueles momentos, toda a raiva em nossos corações lentamente se dissipava, sendo substituída pela perspectiva de mútua destruição. Era impossível continuarmos com raiva enquanto esse pensamento assombrava nossas mentes.

O veneno de rato nunca serviu ao seu verdadeiro propósito de matar roedores, mas conseguiu aniquilar toda a raiva e o ressentimento que a pobreza e a invalidez trouxeram para nossa família.

Em meu primeiro ano na universidade, quando estava em casa para as férias de verão, minha mãe novamente me chamou até seu quarto. E pegou um maço de dinheiro.

"Que tal acrescentarmos mais dois andares?", sugeriu.

Eu não sabia se ria ou chorava. Foram três anos de trabalho árduo para quitar todas as dívidas e ainda havia momentos em que eu tinha dificuldades para pagar meus estudos — e ela estava prestes a começar tudo de novo.

Mamãe mexia nervosamente o dinheiro nas mãos. Com o rosto vermelho, parecia um general ordenando o ataque antes da batalha final. "Ninguém na vizinhança tem uma casa de quatro andares", justificou. "Se construirmos uma, podemos finalmente erguer a cabeça com orgulho."

Percebi que minha mãe era ainda mais teimosa do que eu imaginava. Ela não queria apenas erguer a cabeça, com orgulho — queria poder ostentar perante os vizinhos.

Eu sabia que não podia recusar.

Assim como ela planejava, os dois andares extras causaram um rebuliço. Quando as bombinhas anunciaram o fim da obra, Mamãe levou meu pai para um passeio na feira.

"Esperem só mais alguns anos", contava para todos que passavam. "Meu filho e eu vamos derrubar a antiga casa também. Faremos um pequeno pátio murado e deixaremos tudo perfeito — quando acabarmos, convidaremos todos vocês para conhecer!"

"Venham ver quando estiver pronto", emendou meu pai com a fala arrastada, lutando com a língua meio paralisada.

Um ano após esse passeio na feira, meu pai faleceu de modo inesperado.

Dois anos mais tarde, minha mãe foi até a prefeitura e viu a linha rabiscada no mapa, cortando sua casa ao meio.

No caminho de volta da prefeitura, ela se virou para mim e perguntou: "Podemos terminar a construção?"

"Claro", respondi.

Mamãe tentou se justificar: "Você acha que estou sendo teimosa? Fico pensando que, se ela será demolida, deveríamos construir mais, gastar mais... não sei por que quero continuar a obra."

Ela não conseguia parar de chorar. "Eu sei", continuou, "que se não tivesse construído a casa, seria infeliz pelo resto de minha vida. Não importa onde vou morar. Não interessa onde acabarei".

Quando chegamos em casa, jantamos e assistimos a um pouco de TV. Mamãe foi para cama cedo. Não era seu corpo que estava exausto, era seu coração. Eu não consegui dormir, então me levantei e acendi todas as luzes. Pela primeira vez em anos, inspecionei cada pedacinho da casa. Era como ver um rosto ao mesmo tempo familiar e desconhecido; deslizei os dedos em cada uma de suas rugas, manchas senis e cicatrizes. Os dois andares superiores não eram tão esmerados quanto os demais. Eles não tinham os corrimãos especiais que Mamãe instalou para Papai nos pisos inferiores. Também não havia muita mobília. Eles permaneceram desocupados até a morte de meu pai. Mas, logo depois, minha mãe decidiu se mudar lá para cima;

meu quarto também foi transferido para o último piso. Durante um tempo, ela se recusou a entrar no segundo andar.

O primeiro quarto no segundo andar era dos meus pais. O meu ficava bem ao lado e o da minha irmã, em frente. O segundo andar não era muito grande, tinha cerca de 90m² sem contar a escada para a sacada, e esse pequeno espaço abrigava três quartos. Quando ficou paralítico e com dificuldades de locomoção, meu pai costumava praguejar acusando minha mãe pelo projeto sem pé nem cabeça. "Mas eu nem terminei o ensino fundamental", justificava-se. "Você acha que tenho o conhecimento de um arquiteto?"

As marcas da bengala ainda decoravam as paredes do segundo andar. Quando abri o antigo quarto, descobri que ainda exalava um suave perfume do meu pai. A mesa, onde minha mãe costumava guardar o dinheiro e o veneno de rato, ainda estava lá — seu tampo esburacado era um lembrete dos golpes de bengala nos momentos de fúria paterna. A gaveta do meio estava trancada. Eu não tinha ideia do que poderia haver nela.

Apaguei as luzes e me sentei na cadeira ao lado da cama em que meu pai dormia. Eu me lembro dele sempre deitado nos anos após o AVC. De repente, outra memória aflorou em minha mente: como eu costumava deitar em sua barriga quando era garoto.

A lembrança me atraiu para a cama, e mais uma vez fui envolvido pelo perfume de meu pai. O pálido luar iluminava o quarto. Senti algo sob o travesseiro e encontrei um retrato meu, tirado em uma daquelas cabines muitos anos atrás. Meu rosto estava assustadoramente lívido. Ao examinar a foto mais de perto, percebi que estava apenas desbotada, gasta pelos afagos constantes de meu pai.

Continuei deitado por um tempo, imóvel, lutando para sufocar o choro que ameaçava transbordar. Não queria que minha mãe me ouvisse. Engoli as lágrimas e saí correndo do segundo andar. Era hora de abortar a terrível missão. Já tinha explorado o bastante.

Mamãe me acordou bem cedo na manhã seguinte. Ela avistara uma equipe de funcionários municipais com equipamentos de agrimensura. Isso me fez recordar das vezes, anos antes, em que ela entrou no meu quarto desesperada para me avisar que meu pai havia caído.

Passamos um tempo observando os trabalhadores pela janela, enquanto montavam os instrumentos, executavam suas inescrutáveis medições e anotavam dados em seus cadernos. "Parece que teremos de nos apressar, hein?", anunciou minha mãe.

Na tarde seguinte à presença dos agrimensores, Mamãe foi visitar meu tio. Desde a morte de meu pai, ela passou a procurá-lo para aconselhamento. Ela sabia que ele tinha contatos em empresas de construção, então poderia conseguir um bom preço pelos serviços restantes na casa.

Fiquei em casa, mas a ansiedade incontrolável me obrigou a subir até a laje do quarto andar. A casa ficava em um dos pontos mais altos do bairro, e do telhado era possível ver toda a vila aos meus pés.

Eu nunca havia percebido que toda a cidade parecia repleta de obras. Vistos de cima, os canteiros de obras e os poços de escavação encravados no solo avermelhado pareciam úlceras abertas e feridas sanguinolentas. Uma rodovia em construção ao leste lembrava um gigantesco animal serpenteando pela paisagem. Ao longo de toda a nova estrada, havia casas em diversos estágios de demolição; os andaimes e a tela antipoeira ao seu redor lhes davam a aparência de pernas fraturadas, enroladas em talas e gazes. Eu sabia que em breve a nossa casa se juntaria às outras, assim como muitas mais. Dentro de um ano ou dois, essa paisagem estaria ainda mais sinistra, em carne viva como o dorso de um prisioneiro.

Tentei imaginar todas as histórias ocorridas nas casas que eu via lá embaixo. Quantos vestígios das almas que as ocuparam ainda restavam? Toda a tristeza e a felicidade do passado — elas seriam reduzidas à poeira pairando sobre as ruínas.

Eu me dei conta de que havia tratado meu coração da mesma forma que os oficiais de planejamento municipal trataram a cidade: em nome do desenvolvimento, em nome do progresso de alguns objetivos futuros, em nome da respeitabilidade, me apressei a remodelar, demolir e reconstruir tudo que me era caro. Não tinha volta, nem para mim nem para minha cidade.

Naquela noite, meu tio veio nos visitar e minha mãe correu para cumprimentá-lo, pensando que ele havia encontrado uma empresa para a obra da casa.

Quando o chá ficou pronto, ele bebeu um gole e fez uma pausa para saboreá-lo. Então falou: "Não acho que você deva construir a casa."

Mamãe exigiu uma explicação. Meu tio se recusou. "Eu não consigo entender", disse ele, furioso. "Você disse que queria construir uma casa para Blackie. Para que sua família pudesse erguer a cabeça, com orgulho — compreendo, mas de que adianta isso agora?"

Tentei ajudar minha mãe a explicar, mas meu tio se negou a ouvir. "Sou contra", afirmou. "Nem se dê ao trabalho de tentar me convencer." Ele mudou de assunto, sugerindo que eu comprasse um imóvel em Beijing. "Não seja egoísta", dirigiu-se a Mamãe. "Você tem que pensar no seu filho."

O rosto de minha mãe enrubesceu enquanto ela tentava controlar as emoções.

"Bem", emendou ele, claramente desconfortável. "Estou disposto a ouvir se quiser me explicar o que pretende."

Mamãe permaneceu calada.

"Na verdade, a ideia de continuar a construção foi minha", intervi.

Não queria explicar isso a meu tio, mas eu podia entender os motivos de minha mãe para continuar a construção. Apesar de eu ter assumido nominalmente a condição de chefe da família após o AVC do meu pai, ele nunca abriu mão de fato da posição. Era a família dele; ele a havia iniciado.

Só naquele dia eu compreendi as reais intenções de minha mãe. Ela não estava construindo a casa para si mesma nem para mim. Não se tratava de reerguer a cabeça. Mamãe estava fazendo aquilo por meu pai, o homem que iniciara nossa família. Ela queria que a família dele fosse forte; que fosse completa.

Mesmo sem jamais reconhecer em voz alta, essa era a maneira dela de demonstrar amor.

Meu tio não conseguia entender por que eu apoiava a ideia de minha mãe, mas concordou em respeitar minha decisão. Eu sabia que ele tinha preocupações de ordem prática em relação ao meu futuro. A ideia de iniciar uma construção sob a iminente ameaça de demolição era absurda, e eu sabia que não havia uma forma sensata de explicar isso para ele.

Com a ajuda de meu tio, Mamãe encontrou uma equipe de empreiteiros e fez rápidos arranjos. Ela rezou para descobrir a data certa para começar a obra. Seria dali a uma semana, e eu já estaria de volta a Beijing.

Na véspera de minha partida, levei minha mãe ao banco para sacar o dinheiro. Assim que pegou as notas, ela imediatamente se sentou para contá-las e recontá-las. Aquele dinheiro era o tesouro conquistado durante anos de luta e pobreza. Ela aninhou a pilha de cédulas dentro da blusa e a carregou para casa como um recém-nascido.

Deveria ser um dia feliz, mas Mamãe resmungou durante todo o trajeto de volta. "Sinto muito", desculpou-se, quando entramos na viela em direção a nossa casa. "Se fizermos isso, você nunca terá dinheiro para comprar um imóvel em Beijing."

Só me restava rir.

E então ela tomou coragem para dizer o que realmente estava se passando em sua cabeça: "Tem algo que gostaria de lhe pedir, mas tenho medo de aborrecê-lo. Você sabe que, na nossa cidade, a coisa mais importante em uma casa é a placa de pedra ao lado do portão, não é mesmo? Eu queria saber se você se importaria de colocarmos o nome de seu pai nela."

"Não me importo", respondi. Eu não queria que ela percebesse como me senti naquele momento. Muitas de minhas suposições se confirmaram. Lutei para conter as lágrimas. "Na verdade", emendei, "acho que devemos manter a pedra que Papai colocou sobre o portão da antiga casa, o dístico com o nome de vocês dois".

Vi um sorriso se formar lentamente. Seu rosto de meia-idade se transformou no de uma adolescente tímida. Acariciei sua bochecha. E disse para mim mesmo: "Minha doce mãe."

Naquele ano, todos os meus colegas de trabalho que retornaram a Beijing para o primeiro dia de expediente após o feriado do Festival da Primavera decidiram sair juntos. Em volta de uma mesa em um restaurante barulhento, todos contaram as histórias de suas visitas às famílias para o Ano-novo: a espera de dois dias na fila para comprar a passagem de trem, a nova estranheza do lar, o crescente distanciamento entre pais e filhos...Alguém propôs um brinde às nossas distantes cidades natais.

Ergui meu copo. E fiz um brinde silencioso aos meus colegas de trabalho: façam o que for preciso para serem felizes, almas solitárias e espíritos errantes.

E então a memória de minha mãe e sua casa surgiu em minha mente.

Mesmo que a casa fosse demolida, mesmo que eu nunca conseguisse comprar um imóvel em Beijing, sempre teria uma família para a qual retornar.

3
Fragilidade

Ajoelhei para acender o papel dourado, e meus dois primos ajudaram Papai a passar sobre a chama. A queima do papel incenso era uma cerimônia para limpeza da alma. Toda má sorte e poluição espiritual seriam removidas e depositadas em segurança do lado de fora da porta. E foi assim que meu pai voltou do hospital, onde estava se recuperando do AVC. Eram quase 22h.

O costume hokkien local dita que os parentes — tanto próximos quanto distantes — façam uma visita. Foi um dia de peregrinação à nossa casa, cada um oferecendo suprimentos e guloseimas que, supostamente, ajudariam na condição de meu pai, e depois proferindo votos solenes de auxiliá-lo como pudesse. Alguns dos homens começaram a divagar sobre os velhos tempos, os dias de glória, em que estavam juntos para o que desse e viesse. Eles recordaram as vezes em que Papai os ajudou a sair de apuros e o agradeceram novamente. Algumas das mulheres não conseguiram se conter e o abraçaram, soluçando.

Meu pai parecia distante. Ele deixou que as mulheres chorassem. Teria preferido voltar para as divagações sobre os velhos tempos. "Por que você está chorando?", perguntou para uma das mulheres. "Eu estou de volta, não estou? Não foi nada."

No entanto, a sua língua ainda estava paralisada devido ao AVC e, quando falou, as palavras saíram como uma sequência de sílabas incompreensíveis. Papai fez uma pausa, olhou ao seu redor e, então, riu, mostrando os dentes manchados de nicotina. Todos riram com ele.

Parecia um bom começo.

A recepção continuou até a primeira hora da madrugada. O intenso fluxo de parentes diminuiu, e, quando todos já haviam chegado e partido, minha mãe e eu apoiamos meu pai pelos ombros para ajudá-lo a ir ao banheiro. Parecíamos dois carregadores tentando suspender um piano de cauda. Lutamos para aguentar o peso, ofegando e gemendo ao longo do caminho. Tivemos que parar algumas vezes, e Mamãe riu e brincou com Papai: "Você anda se alimentando bem, hein? Conseguiu ganhar peso!" Não pude evitar o pensamento: quantas vezes teríamos que fazer aquele trajeto, carregando-o até o banheiro e de volta para o quarto? Comecei a imaginar como seria nossa vida dali em diante.

Levar meu pai até a cama não era uma tarefa fácil. O trajeto durava o suficiente para conversas casuais, mas eu sentia uma tensão velada pairando entre nós. Durante os três meses que Papai esteve no hospital, primeiro em Quanzhou e depois em Fuzhou, eu só o vira algumas vezes, quando voltava da universidade para visitá-los. Mal reconheci o homem que meus dois primos ajudaram a descer do carro naquela noite. Sua cabeça havia sido raspada para a cirurgia. Ele parecia murcho. Não que seus braços estivessem mais finos ou sua barriga, menor; era como se o ar tivesse sido sugado de dentro dele.

Desde que entrou pela porta, durante as duas horas em que recebeu nossos parentes, eu o observei minuciosamente. Tentei encontrar algum vestígio de meu pai naquele corcunda desconhecido. Quando falava, não era ele, que antes tinha uma voz estrondosa e praguejava profusamente ao menor sinal de provocação. A paralisia do lado esquerdo do corpo afetou sua boca, resultando em uma fala arrastada, e o esforço o deixava exausto. O homem valente e impetuoso das histórias que eu ouvia de familiares não estava mais lá.

Ele rompeu o silêncio. "Você está bem?", indagou, arrastando as palavras. Assenti.

Papai sorriu. "Não se preocupe. Mais um mês e eu voltarei ao normal."

Assenti novamente. Queria dizer algo, mas não encontrei as palavras. No fundo eu sabia que era impossível. "Aquela moto está parada há muito tempo. Quando eu melhorar, comprarei uma nova. Podemos fazer aquela viagem pela costa de novo, sentir o vento soprando em nossos cabelos. Você leva sua irmã. Sua mãe vai na minha garupa."

A viagem ao longo da costa foi nossa única aventura em família. Meu pai queria voltar ao tempo em que era nosso esteio.

Na manhã seguinte ao seu retorno do hospital, ele caiu pela primeira vez.

Na hora da queda, minha mãe estava fazendo compras. Ouvi um baque abafado vindo do quarto. Pulei da cama e corri para ver o que havia acontecido. Papai estava caído no chão, indefeso como um bebê. Ao me ver, tentou murmurar uma explicação. Ainda não conseguia aceitar a própria condição. Não estava pronto para encarar o fato de ser um homem que tinha dificuldades até para levantar. Havia se sentado e tentado impulsionar as pernas para a beirada da cama, mas o lado esquerdo paralisado não acompanhou o restante do corpo. Ele perdeu o equilíbrio e acabou no chão. Enquanto tentava se explicar, vi seus olhos marejarem. Não tinha mais o controle do próprio corpo nem de suas lágrimas.

Papai não conhecia seu novo corpo. E eu não estava acostumado a vê-lo chorar. Corri para ajudá-lo, tentando evitar que nossos olhares se cruzassem. Tentei levantá-lo, mas ele pesava cerca de trinta quilos a mais que eu. Meu pai fez o possível para me ajudar, usando até o último átomo de suas forças. Mas era uma causa perdida.

Eu sabia e ele também. A doença era uma âncora presa ao seu pescoço. Papai riu e disse: "Acho que engordei, hein? Não se preocupe. Me dê um minuto e dou um jeito."

Lenta e cuidadosamente, ele se apoiou sobre a perna direita e conseguiu se levantar. Cambaleou por um momento, parecendo um arranha-céu que perdera o alicerce, então pendeu, oscilante, para a direita e desabou no chão.

Entrei em pânico e corri para ampará-lo, mas a gravidade venceu e nós dois tombamos.

Ficamos deitados ali por um longo tempo, tentando recuperar o fôlego, ambos imóveis, ambos calados, ambos sem saber o que dizer.

Até que meu pai olhou para mim e tentou obrigar os desobedientes músculos faciais a sorrir. Mesmo que conseguisse, seu rosto estaria traindo seus verdadeiros sentimentos. Aquele sorriso... Acho que jamais conseguirei descrever.

Depois disso, comecei a me colocar no lugar dele. Tentei imaginar como seria descobrir que meu corpo não respondia aos meus comandos. Queria saber como era a sensação, para que pudesse cuidar melhor de Papai.

Ao sorrir para alguém, tentava enrijecer o lado esquerdo do rosto, a fim de ver a expressão alheia de choque e horror. Queria vivenciar o mesmo constrangimento que meu pai devia sentir. Pensei no que diria para tentar amenizar o mal-estar da situação. Ao comer, tentava imaginar como seria lutar com os palitinhos.

Ao sair a pé, tentava andar como se meu pé esquerdo estivesse rígido e inerte. Eu caía o tempo todo. Estava cheio de hematomas. Mas me dei conta de que o lado paralisado de Papai nem sequer seria capaz de sentir os cortes e machucados.

Nos dias seguintes à volta de meu pai, os membros da família gradualmente se enquadraram em seus papéis. Era como se estivéssemos encenando uma peça sem ler o roteiro. Só tínhamos uma vaga ideia do tema. Sabíamos que precisávamos expressar algum tipo de otimismo. Tentávamos convencer uns aos outros de que tudo estava melhorando. Seguimos em frente, improvisando nossas falas, tentando entender exatamente que papéis estávamos representando.

Minha mãe foi escalada para o papel de esposa inabalável, que nunca deixava transparecer seu sofrimento. Quando meu pai molhava a cama, ela ria e o provocava: "Olhe só para você! É um bebê de novo!" Após interromper abruptamente a risada, Mamãe retirava os lençóis e ia até a viela para lavá-los. A piada não era engraçada, mas ela continuava repetindo. Ao terminar as tarefas domésticas, saía para cuidar do posto de gasolina, que, antes de fechar, provia o sustento de nossa família.

Minha irmã mais velha era muito observadora. Ela ficava ao lado de Papai e cuidava de tudo que pensava ser necessário. Cozinhava para ele, o alimentava e massageava o lado paralisado. A doença de meu pai o obrigou a abandonar temporariamente o posto de chefe da família, então minha mãe assumiu a maior parte da carga, e minha irmã, o restante.

O meu papel, eu sabia, era exercer a função de chefe da família. Eu me sentia um político em campanha eleitoral. Mesmo quando meu eleitorado não explicitava suas queixas, eu podia decifrar suas expressões e os verdadeiros estados de espírito que aquelas expressões pretendiam esconder. Eu lia seus rostos e lhes dava exatamente o que achava que precisavam. Mantinha cuidadosamente as aparências e lhes dedicava parte de meu tempo e esforço. Às vezes, eu era obrigado a julgar os diversos desentendimentos familiares, batendo meu martelo e manifestando minha decisão. Qualquer que fosse o conteúdo de minha sentença, eu sabia que precisava proferi-la com confiança. Quando decidia, me sentia novamente um ator, repetindo um monólogo impetuoso para um público extasiado.

Éramos todos atores e desempenhávamos nossos papéis da melhor maneira possível, mas cada um de nós sabia que toda aquela encenação pareceria artificial para um observador externo. Era tão vulgar e piegas — talvez mais uma comédia do que um drama. Afinal, nenhum de nós era ator profissional, e estávamos todos frustrados e insatisfeitos com os papéis para os quais fomos escalados. Mas o show tinha que continuar. Mesmo que estivéssemos atuando para um único espectador: a vida. E ela não se senta pacientemente e apenas assiste ao espetáculo; ela zomba e observa como um diretor cruel, nunca satisfeita, sempre ávida para acrescentar uma nova reviravolta ao roteiro, exigindo que exploremos nossas verdadeiras motivações.

Minha mãe levou um tombo ao tentar mover um tonel de combustível no posto de gasolina. Ela costumava ajudar meu pai com eles, deitando os tonéis de mais de cem quilos e depois rolando-os até o depósito. Mas, com Papai confinado à cama, Mamãe era obrigada a fazer isso sozinha. Apoiou o ombro em um deles e jogou todo seu peso para tombá-lo. O tonel não cedeu um milímetro. Naquele dia, quando saí da escola, fui direto ao posto, como sempre fazia. Eu a avistei agachada na lama suja de óleo do pátio, soluçando. O diretor já havia gritado "ação", mas eu não tinha a menor ideia de qual eram minhas falas. Fingi que não a vi e corri para casa.

Enquanto isso, meu pai havia perdido as estribeiras com minha irmã, por não ter aprontado seu jantar rápido o bastante. Assim que entrei pela porta, ela me chamou para conversar. Mas não conseguia explicar o que tinha acontecido, tudo que fazia era resmungar furiosamente.

No fim, foi Papai que gritou o "corta". Duas semanas tinham se passado desde que voltara para casa. Ele havia tentado muitas vezes testar os limites de seu corpo, mas todas as tentativas tinham fracassado. Mamãe chegou parecendo exausta, com os cabelos desgrenhados. Sem dizer uma palavra, colocou uma bengala ao lado de meu pai. Ele olhou para o objeto e vislumbrou seu futuro. A frustração tomou conta dele, que pegou a bengala e a brandiu furiosamente na direção da esposa.

Graças à paralisia, sua mira não era boa. Não conseguiu acertar um golpe preciso, mas, ainda assim, foi o suficiente para derrubá-la, provocando uma contusão.

A cena seguinte do drama foi ocupada pelos berros de minha irmã, por meus gritos de raiva e pela histeria de Papai. Por fim, caímos nos braços uns dos outros, aos prantos.

Que raio de história é essa? Foi a pergunta que fiz depois de ajudar minha mãe a chegar até a cama, acalmar minha irmã, preparar o jantar de meu pai, ajudá-lo a se lavar, levá-lo de volta ao quarto e me recolher aos meus aposentos. Eu precisava de ar.

Não sei se esperava que alguém me respondesse. Olhei à minha volta e fiz mais uma pergunta: como essa história termina?

Não houve resposta. E eu não esperava que houvesse.

Meu pai chegou a uma solução para o problema. No entanto, sua solução não era embasada em fatos objetivos, mas, sim, em sua própria lógica peculiar. Decidiu que sua meta seria tratar de seu corpo até a saúde plena, depois reassumir sua posição como chefe da família.

Porém, eu sabia que havia uma falha terrível em seu raciocínio: era impossível que Papai voltasse ao que era antes. Ele sofrera duas embolias cerebrais depois que pedaços de sua válvula cardíaca se soltaram e caíram na corrente sanguínea. O bloqueio

— o pedaço da válvula cardíaca — não poderia ser dissolvido nem era possível mobilizá-lo, pois certamente se alojaria em outro local do cérebro, o que poderia causar outra paralisia. Seu antigo corpo estava perdido para sempre. A verdade era cruel. Eu entendia muito bem a gravidade da situação.

Cheguei a ir até a biblioteca para ver uma foto da válvula cardíaca. É uma coisa minúscula que parece a boca de um peixe, abrindo e fechando enquanto os ventrículos cardíacos se contraem. Aquela pequena peça apresentou um defeito e resultou na paralisia de metade do corpo de meu pai.

Eu sabia que, quanto mais tempo ele insistisse naquele racional, pior seria quando finalmente percebesse a verdade. Mas eu não estava pronto para tentar dissuadi-lo; não tinha uma ideia melhor.

Mesmo que sua lógica fosse falha, ao menos era cheia de esperança. E nossa família sempre foi movida a esperança.

Em uma noite de outono logo depois que voltou para casa, Papai me chamou para explicar seu plano. Disse que sabia que o lado esquerdo de seu corpo estava paralisado devido a uma veia bloqueada, então, segundo ele: "Se eu me movimentar bastante e aumentar meu fluxo sanguíneo, o sangue velho vai ser removido e conseguirei mover meu lado esquerdo de novo." Fingi que acreditei em sua teoria, e ele pareceu convencido pela minha performance.

Já que seu objetivo era a recuperação plena, Papai aceitou a bengala como um auxílio temporário. No dia seguinte, saiu para uma caminhada até o mercado da Rua Winding, pois queria ver em quanto tempo chegaria lá. Como não voltou para almoçar, nós três nos separamos e saímos à sua procura. Nós o encontramos sentado em uma esquina não muito longe de casa. Fiz o trajeto que ele levara toda a manhã em cerca de vinte minutos.

Segundo meu pai, era um bom começo. "Pelo menos agora sei meu ponto de partida", explicou.

No dia seguinte, ele expôs seu plano em detalhes: sair todas as manhãs às 8h, caminhar até onde o havíamos encontrado no dia anterior e voltar para o almoço, ao meio-dia; depois de almoçar, tiraria uma soneca e sairia de novo por volta das 13h30, em direção ao mercado da Rua Winding, com tempo suficiente para retornar para o jantar às 19h; após o jantar, trabalharia o equilíbrio e exercitaria o pé esquerdo.

Mesmo agora, em retrospecto, sou grato a meu pai por ser tão forte. Aquele período pode ter sido nosso momento mais feliz juntos. Ainda que acabasse em tragédia, seu sonho de recuperar a plenitude se tornou nossa fantasia coletiva.

Minha mãe seguia o cronograma dele com devoção extrema. Ela se certificava de que cada refeição tivesse ovos ou carne, exatamente como ele havia pedido. Segundo Papai, ovos e carne o manteriam forte.

Ele costumava dizer que, quando trabalhava nos navios e movia cargas pesadas, às vezes ficava tão exausto que se sentia à beira do colapso, mas, assim que fazia uma boa refeição com carne ou ovos, estava pronto para outra.

Toda noite, quando já estávamos todos em casa, fazíamos os exercícios junto com ele, transformando-os em uma espécie de competição. Intencionalmente ou não, meu pai sempre ganhava esses jogos improvisados. A família ia para a cama feliz.

Desfrutávamos daqueles momentos de felicidade porque eram tudo o que tínhamos. Antes dos dois AVCs, meu pai enfrentara uma cirurgia cardíaca e quatro internações hospitalares — e isso foi apenas o começo. Mesmo com a ajuda de nossos parentes, aos poucos estávamos caminhando para a falência.

Perdemos uma rara oportunidade quando a PetroChina se ofereceu para comprar o posto de gasolina. A oferta veio pouco antes de meu pai ficar doente e, como estávamos focados em sua saúde, a deixamos escapar. Mesmo sem a oferta, deveríamos ter tentado expandir e atualizar o posto de gasolina, mas acabamos perdendo essa chance também. Quando o grande posto de gasolina perto do estuário foi inaugurado, não havia como competir com suas instalações de última geração. O posto concorrente tinha até loja de conveniência, oferecendo lanches e bebidas aos clientes enquanto abasteciam.

Ainda assim, com nossas economias quase acabando, sabíamos que era preciso reabrir o posto de gasolina. Apesar de não termos as mesmas instalações ou a loja do concorrente, tínhamos uma arma secreta: minha mãe e seu jeito único de lidar com as pessoas. Ela sempre sabia exatamente o que dizer; os vizinhos a admiravam. As pessoas vinham visitá-la e enchiam seus tanques quase como uma ação secundária.

Não sei dizer se era fruto de um pacto formal ou não, mas os vizinhos pareceram se unir para apoiar nosso posto, embora dissessem, caso questionados, que o novo era muito mais bonito. Os nossos serviços seguiam um ritmo mais lento. Tudo ainda era feito manualmente, minha mãe costumava ter dificuldade para dar o troco ou fechar uma conta, e não era raro os clientes chegarem e não encontrarem ninguém trabalhando, já que ela muitas vezes precisava correr para casa para fazer o almoço do meu pai, certificar-se de que tomou os remédios e lavar suas roupas. Nossos clientes estavam dispostos a esperar.

Assim que o movimento aumentou, minha irmã e eu começamos a ajudar no posto. Fazíamos turnos sempre que Mamãe estava ocupada em casa. De início, realizávamos tarefas simples, como encher grandes garrafas de refrigerante com combustível, pois quando as motocicletas chegavam para abastecer era mais fácil usar as garrafas do que bombear do tonel. Em seguida, guardávamos os tonéis e executávamos qualquer outro trabalho pesado demais para minha mãe.

Fazíamos o melhor possível, mas às vezes não estávamos por perto para auxiliá-la, como quando os caminhões de reboque iam abastecer e ela tinha que mover um tonel cheio de combustível sozinha. Os caminhões grandes precisavam de um tonel inteiro, o que era bom para os lucros, mas exigia muito esforço de minha mãe. Uma vez, enquanto tentava arrastar um tonel até um caminhão, ela desistiu no meio do caminho e começou a chorar. A mãe do motorista, uma senhora de cerca de sessenta anos, sentiu pena e ajudou-a a arrastar o tonel, sujando-se de graxa no processo. Após esse incidente, os motoristas de reboque faziam questão de abastecer depois das 17h, pois sabiam que minha irmã e eu estaríamos lá.

Quando o sol se punha, minha irmã e eu recolhíamos os tonéis, fechávamos a loja e voltávamos para acompanhar meu pai em seus exercícios noturnos. Íamos para a cama completamente exaustos, mas adormecíamos com um sorriso no rosto.

Eu me dedicava de corpo e alma ao trabalho e aos exercícios. Não queria aceitar que tudo terminaria de forma trágica. Não queria pensar no sofrimento que a vida nos reservava.

Conseguimos economizar, o que era um alívio. O problema da pobreza é que a falta de dinheiro não apenas nos esgota; é quase como se os outros pudessem sentir o cheiro em você. Quando se é pobre, mesmo sem qualquer desavença, as pessoas começam a se afastar ou se esforçam para evitá-lo. Elas temem que você as arraste para baixo também.

Minha mãe sentia isso de forma mais profunda.

Ela era uma mulher orgulhosa, avessa à mais leve expressão de empatia. Quando percebia que alguns vizinhos iam ao posto de gasolina por caridade, Mamãe os tratava com indiferença e garantia que nunca mais voltassem.

Lembro-me de um dia em que, inesperadamente, encontrei minha mãe trancada em seu quarto. Ela me disse que um homem tinha passado no posto de gasolina. "Ele perguntou como seu pai estava", contou, "e respondi que estava bem". O homem riu e falou que, embora fosse apenas mais um meio de se dar bem, costumava integrar a mesma gangue que Papai.

"Nunca sabemos como as coisas vão acabar, não é?", declarou o homem, apontando o polegar para o carro. E se referiu a meu pai e a ele: "Veja só como o mundo dá voltas…"

Mamãe ficou irritada e empurrou o tonel de onde bombeava o combustível. "Estamos fechados", anunciou ela.

"Ei", disse o homem com raiva, "estou aqui para ajudá-los — quem você pensa que é para agir assim?".

Minha mãe pegou uma pedra e, sem pensar muito, jogou na lateral do carro dele. A pedra ricocheteou na porta com um baque. O homem viu o sulco na pintura e avançou em Mamãe, que saiu correndo, aos prantos. Então, ela agarrou uma pedra maior e começou a persegui-lo; acertou um forte golpe na cabeça dele, fazendo com que o sangue escorresse pelo rosto.

Minha mãe não esperou para saber a reação do homem. Correu para salvar sua vida. Ao chegar em casa, trancou o portão de ferro e a porta da frente e foi se abrigar em seu quarto. Era onde ela estava, ainda soluçando, quando cheguei.

"Eu senti muita raiva", disse, na tentativa de se justificar. Mamãe parecia uma criança que foi suspensa pela diretora e precisava explicar o que havia feito de errado.

Pode ter sido um ataque de fúria, mas as palavras do homem também a machucaram profundamente.

Fui com minha mãe ao posto de gasolina. Depois de sua fuga, ele ficara abandonado, então esperávamos o pior. Nós nos preparamos mentalmente para ver todo o combustível roubado, o lugar destruído ou talvez até incendiado. Ambos sabíamos que a perda do posto de gasolina, mesmo que temporária, era um golpe do qual nossa família talvez não se recuperasse.

Éramos como competidores de um game show prestes a ver o anúncio do resultado. Minha mãe cobriu os olhos.

Tudo estava onde deveria; todo o combustível, em seu devido lugar. Até a mesa e a cadeira do pequeno escritório permaneciam intactas. Alguém colocara um latão de gasolina vazio sobre a mesa, ao lado de uma nota de cem yuans para cobrir o custo do combustível.

Ficamos sem palavras. Sentamos juntos e rimos, respirando o cheiro forte de gasolina. E lá permanecemos até Mamãe lembrar que precisava fazer o jantar. Então, corremos para casa.

Sei que não era culpa do tufão. O destino já havia decidido nossa sorte. Só faltava definir que tipo de desastre seria. Mas responsabilizar algo sobre o qual éramos impotentes aliviava o peso. Até hoje, ainda amaldiçoo aquele tufão.

O sul de Fujian é alvo de muitos tufões. Esse não foi o primeiro que enfrentamos. Quando um alerta de tufão chegava, todos começavam a se preparar, protegendo as portas e janelas, prendendo tudo que pudesse sair voando e vedando as goteiras dos telhados. Por fim, fechavam a casa e se escondiam em um local seguro. À noite, as janelas sacudiam com a força do vento, mas era só isso. Protegidos dentro de casa, olhando para fora, o tufão parecia apenas um filme 4D que o céu exibia para nós, o povo hokkien, uma vez por ano.

Eu não era o tipo de garoto que ficava em casa vendo a vida passar, então gostava de sair e tentar a sorte contra o tufão. Naquela época, o vento e a chuva ainda eram limpos; agora, se você sair em um tufão, pode acabar encharcado de substâncias químicas. Quando ouvia o tufão chegando, eu abria a porta e o desafiava, depois corria para fora, deixando o vento e a chuva me atingirem. Ao voltar para dentro, tinha que enfrentar a fúria de minha mãe por estar completamente ensopado.

Para mim, os tufões eram apenas mais uma lembrança alegre de uma infância feliz. Mas isso acabou naquele ano.

Mesmo antes de o tufão chegar, meu pai começou a perceber que as coisas não estavam tomando o rumo que esperava. Naquele verão, por mais que se exercitasse, seu braço esquerdo permanecia paralisado, imóvel, apoiado contra o peito. Ele ainda conseguia controlar o joelho esquerdo, mas não havia melhora tangível. E o que realmente o assustava era a perda de sensibilidade nos dedos dos pés. Minha irmã costumava esperar que ele caísse no sono para cortar suas unhas dos pés. Certa vez, sua mão escorregou e ela acabou machucando o dedo dele. Ela se apressou e fez um curativo para estancar o filete de sangue, mas Papai nem acordou. De manhã, ele ficou chocado ao descobrir uma bola de gaze enrolada em seu dedo.

A frustração — como um exército em ofensiva — lentamente assumiu o controle, capturando sua mente centímetro a centímetro. Meu pai tentava não transparecer o que sentia; e nós fingíamos não notar.

Ele sabia muito bem o que estava por vir. A tristeza oculta era como uma ferida infeccionada. Estava se espalhando, tornando sua vida cada vez mais insuportável, e logo chegaria o dia em que já não seria possível escondê-la. Papai se agarrou ao seu cronograma de forma ainda mais obstinada. Pediu à Mamãe que colocasse um relógio em seu quarto e outro na sala principal, para que sempre pudesse ver as horas. Assim que acordava, gritava pela minha mãe, depois apontava para o relógio. Ele impôs um limite de quinze minutos para se levantar e se vestir. Em vinte minutos, queria estar lavando o rosto. Em trinta, estar descendo as escadas. Em cinquenta, ter acabado o café da manhã e, cinco minutos depois, estar no banheiro para conseguir sair de casa às 8h. Mas sempre se queixava do atraso de um ou dois minutos aqui e ali...

Às vezes ficava furioso e arremessava tudo da mesa ou pegava a bengala e golpeava o chão, esbravejando: "Você não quer que eu melhore, não é? Não quer que eu melhore?"

Ao que parecia, o medo de meu pai era que, por ser tão lenta em seus afazeres, minha mãe sempre atrasaria seu cronograma, e ele nunca seria capaz de recuperar a metade paralisada de seu corpo.

Por volta dessa época, chegou o primeiro tufão do outono. Passamos a tarde da véspera inspecionando a casa em preparação para a tempestade. Seria o primeiro tufão que enfrentaríamos todos juntos desde que meu pai adoeceu. De acordo com a meteorologia, aquele seria um dos maiores tufões dos últimos anos e a previsão era que ele tocasse o solo em nossa cidade.

Vi um repórter da emissora estadual anunciando que o Ministério de Assuntos Civis havia chegado para coordenar as ações em resposta ao desastre, mas ele parecia pouco impressionado com a tempestade. Provavelmente foi até a província com a esperança de fazer uma reportagem em meio a ventos fortes e uma chuva torrencial, agarrando-se a uma árvore para se equilibrar enquanto berrava para o âncora conseguir ouvi-lo além do rugido da tempestade.

Ele não teria que esperar muito para realizar seu desejo. Aquilo era apenas a calmaria antes da tempestade.

O vento começou a soprar, levantando redemoinhos que pareciam dançar pela estrada, e então, logo depois das 13h, a tempestade chegou. A chuva caiu como uma rajada de balas, deixando marcas na estrada de terra. Quando o vento começou a uivar, o repórter da TV gritou para o âncora.

Minha mãe já estava em casa, pois sabia que ninguém pararia no posto de gasolina, e meu pai já retornara de seu exercício matinal. Quando me levantei para fechar a porta, ele protestou: "Por que você está fechando a porta?"

"O tufão está chegando", respondi. "Vai molhar tudo."

"Deixe aberta. Vou sair."

"Em um tufão?"

"Eu tenho que me exercitar."

"No meio de um tufão?"

"Você não quer que eu melhore. Eu tenho que me exercitar."

"Por que não tira um dia de folga?"

"Você não quer que eu melhore."

Papai se levantou da mesa deixando o almoço intocado, pegou a bengala e se dirigiu para a porta.

Eu queria tomar sua bengala, mas ele percebeu minha aproximação e me golpeou no braço, deixando um vergão roxo. Minha mãe se levantou para ir até a porta, mas meu pai chegou primeiro. Com a bengala na mão direita para manter o equilíbrio, apenas sua mão mais fraca estava livre para girar a maçaneta.

Não conseguindo abrir a porta, ele começou a bater com a bengala, chorando e xingando. "Nenhum de vocês quer que eu melhore", disse. "Nenhum de vocês! Vocês não querem que eu melhore."

A voz de meu pai me lembrou de um trator tombado de lado, com o motor rugindo. Os vizinhos o ouviram e começaram a abrir as janelas para espiar.

Fui até a porta e a abri. "Vá", falei, "vá de uma vez. Ninguém vai impedi-lo".

Papai nem sequer me olhou. Equilibrando-se desajeitadamente na bengala, saiu pela porta. O vento e a chuva pareceram se intensificar naquele momento. Ele foi atirado para o outro lado da rua, como se fosse uma folha.

Quando o vi estatelado no chão, lutando para se levantar, corri para ajudá-lo. Ainda furioso, meu pai me empurrou. Eu observei sua tentativa de se reerguer até que finalmente desistiu e caiu inerte na rua.

Mamãe se aproximou e, sem dizer uma palavra, apoiou-se sob o ombro esquerdo de Papai e o ajudou a se levantar lentamente. Ela tentou conduzi-lo para casa, mas ele a empurrou para o lado e saiu mancando na direção oposta.

Não havia nada além do vento, da chuva e do corpo trêmulo de meu pai, minúsculo e impotente, lutando como um pássaro na tempestade. Nossos vizinhos tentaram dissuadi-lo e o aconselharam a ir para casa, mas ele parecia nem ouvi-los. E continuou andando.

Enquanto Papai caminhava pelo vão entre dois prédios, uma rajada de vento encanado desceu pelo beco como um canhão, jogando-o no chão mais uma vez.

Quando alguns vizinhos foram socorrê-lo, ele os empurrou. Não queria a ajuda de ninguém, mas era impossível ficar de pé sozinho. Meu pai insistiu, rastejando como um lagarto. Quando não conseguiu mais se mover, deixou um dos vizinhos ajudá-lo a se levantar e voltar para casa. Mas não ficou lá por muito tempo. Às 16h, já estava pronto para sair novamente.

Apesar do tufão, Papai estava comprometido com seu cronograma de reabilitação. E repetiu o intento mais três vezes.

No dia seguinte, com o tufão ainda soprando, ele permaneceu na cama. Recusava-se a falar. Ficou deitado, parecendo frustrado e desamparado.

Meu pai jamais admitiria, mas eu sabia que algo havia se quebrado dentro dele. A sensação de derrota exalava pelo ar — dava para sentir o cheiro, salgado como o hálito do oceano.

Ele continuou prostrado na cama, como se fosse sua morada desde o nascimento e sua sina de morte.

Depois de alguns dias, rompeu o silêncio e me chamou até seu quarto. "Você poderia me levar para um passeio ao longo da costa em sua motocicleta?", pediu.

Naquela tarde, a família inteira se juntou para colocá-lo na garupa e amarrar seu corpo ao meu com uma tira de pano.

A luz do sol de outono era branca como a neve, alva como o sal. O mar resplandecia magnificamente sob os raios solares enquanto eu pilotava ao longo da barragem. Vimos uma criança assando batata-doce na brasa; alguns adolescentes que já haviam bebido além da conta e se revezavam para quebrar as garrafas vazias contra a parede; e pescadores saindo com seus ancinhos e cestos de vime.

Papai ficou em silêncio durante o passeio. Procurei em vão um assunto para conversarmos. "Aquele cara que acenou para nós do barco fazia parte da sua gangue, certo?", sondei. "Ouvi dizer que vocês eram os mais durões do pedaço."

Ele estava tão quieto que por um segundo me preocupei que tivesse caído da moto. Estava mudo como uma porta.

Quando chegamos em casa, meu pai finalmente falou. "Tudo bem, estou pronto."

Entendi muito bem o significado de suas palavras — ele estava pronto para morrer.

A enfermidade o vencera. Papai era como um prisioneiro no corredor da morte, resignado com seu destino.

Somente após abandonar todas as esperanças, ele finalmente conseguiu se reconciliar com a realidade de sua doença.

Não precisava mais se fingir de forte. Poderia ceder às emoções. Às vezes, meu pai sucumbia ao desespero quando seu braço esquerdo se recusava a responder. Desistiu do cronograma, dos exercícios e das regras. Em vez disso, sentava-se todos os dias no portão da frente. Quando passavam pessoas das quais não gostava, ele não reprimia o desejo de lhes gritar insultos. Quando os cachorros dos vizinhos apareciam, sacudia a bengala para afugentá-los. Quando as crianças da vizinhança atrapalhavam suas atividades do lado de fora de casa, ele as expulsava, de novo usando a bengala. Papai não precisava mais preservar sua identidade como patriarca da família. Ele agia mais como uma criança — malcriada e mimada.

Depois da escola, eu chegava e encontrava meu pai sentado diante de nossa casa na companhia de alguns dos senhores da vizinhança. Agrupados ao seu redor, eles ouviam as histórias ligeiramente exageradas de seus dias de glória. Ocasionalmente compartilhavam algumas lágrimas. De vez em quando, recebíamos reclamações de vizinhos sobre ele importunar as crianças e os animais de estimação.

Era um homem diferente, que minha irmã e eu não mais chamávamos de Papai; preferíamos o seu apelido, A-Yuan. Quando minha sobrinha nasceu, ele a chamava de Pequena Kernel (em hokkien significa algo como "rechonchuda e fofa"), então as pessoas começaram a chamá-lo de Grande Kernel.

Meu pai gostou do apelido. E continuou ocupando seus dias, alternando as lágrimas incontidas com os velhos e as brigas com os cães do bairro.

A Morte, por algum motivo, parecia não querer buscá-lo.

Isso não o impedia de fazer constantes discursos que mais pareciam testamentos no leito de morte. Ele costumava dizer: "Certifique-se de escolher a mulher ideal para se casar. Não estarei por perto para ajudá-lo." E: "Quero ser cremado, para que possa carregar um pedaço de mim com você aonde quer que vá." Depois de alguns dias, passou a declarar: "Não se preocupe, quando eu partir, a família ainda estará aqui."

Eu tentava rir dos comentários, considerando-os uma forma de Papai lidar com a doença e sua morte inevitável. Mas eles me cortavam o coração. Certa vez, ao reiterar: "Não se preocupe, quando eu partir, a família ainda estará aqui", não suportei mais.

"Você não pode falar assim!", gritei.

"É a verdade."

"Mas não repita mais isso."

Meu pai deixou por isso mesmo. Mais tarde, quando saiu para se sentar em frente ao portão, começou a contar a todos que passavam: "Acabei de dizer ao meu filho que, quando eu for embora, a família ainda estará aqui. Ele ficou com raiva de mim. Ainda acho que tenho razão."

Em seguida, virou-se a fim de conferir se eu estava com raiva o suficiente para me aproximar e gritar com ele de novo.

A princípio, eu não conseguia aceitar o seu retrocesso. Não conseguia entender como Papai poderia se despir de sua identidade patriarcal. E a mistura de homem e criança que ele se tornou era muito estranha. Suas palavras ainda tinham grande ascendência sobre mim, mas agora elas saíam sem controle. Todavia, por mais que lamentasse a mudança, eu sabia que era a melhor maneira de ele viver seus últimos dias.

Mesmo à espera da morte, meu pai parecia experimentar uma espécie de renascimento, readquirindo um súbito prazer pela vida. Falava da Morte como uma velha amiga que o visitaria em um futuro distante. Às vezes, parecia se esquecer da inevitabilidade desse encontro. "Meu garoto, quando você tiver um filho, vai criá-lo em nossa cidade?", quis saber. Também me perguntou se poderia escolher o nome de seu futuro neto.

"Pensei que você estava prestes a morrer", brinquei. "Tem razão", respondeu ele, como se de repente voltasse a si. "Eu poderia muito bem me apressar e morrer logo." Então riu tanto que a saliva escorreu pelo lado esquerdo de sua boca torta.

Durante a longa doença de Papai, aprendi algumas coisas que, imagino, a maioria das pessoas não saiba. Uma delas é que, no frio, os vasos sanguíneos se contraem, algo particularmente difícil para os idosos, pois a circulação tende a ficar mais fraca. O mesmo vale para quem tem paralisia após um derrame, pois a vasoconstrição piora o quadro de hemiplegia.

Quando o inverno chegou, meu pai teve ainda mais dificuldade para andar, a ponto de seu pé esquerdo parecer ignorar totalmente os comandos. Ele caía com frequência, ficando cheio de hematomas e cortes na cabeça. Usei minha autoridade como chefe de família para exigir que ficasse em casa. Eu me senti um pai dando ordens a um filho desobediente.

Ele ouviu, me encarou por alguns instantes, piscando sem parar, e disse: "Se eu me comportar, você compra um pouco do pato marinado?"

Foi um inverno inesperadamente gelado, mais frio do que qualquer outro de que tenho memória, mais gélido do que um inverno do sul de Fujian tinha o direito de ser. O frio parecia penetrar direto na medula. Quando saía, sentia meu couro cabeludo se arrepiar enquanto o vento congelante roçava minha cabeça nua. Comprei um chapéu e uma parka para meu pai. Ele sempre fora corpulento, mas, em suas roupas de inverno, parecia mais uma almôndega. O apelido de Grande Kernel nunca foi tão apropriado. Embora o mantivéssemos agasalhado, Papai começou a sofrer desmaios. O primeiro aconteceu enquanto comia — no meio da refeição, de repente desabou, com o rosto enterrado nas mãos. Só conseguiu dizer que estava se sentindo zonzo, então seus olhos se reviraram e ele começou a espumar pela boca.

Minha mãe deu um pulo e foi acudi-lo, beliscando a pele entre o nariz e o lábio superior na esperança de que o ponto de pressão o acordasse. Ela gritou para minha irmã pegar um pouco de água morna. Corri para chamar o médico.

"Pensei que fosse morrer", disse meu pai ao acordar. E, depois de um prolongado suspiro, confidenciou: "Acho que não estava pronto para partir."

"Então fique conosco", pedi, tomando-o em meus braços. Eu o abracei forte por um longo tempo.

A boa notícia era que ele tinha medo de morrer. Mas o médico trouxe más notícias — com o passar do tempo, à medida que meu pai envelhecia, sua circulação piorava, agravando lentamente a paralisia do lado esquerdo. Poderia perder o controle das necessidades fisiológicas e acabar confinado a uma cama.

Naquela noite, após a triste informação, Mamãe me chamou para uma conversa. Sua previsão era de que, provavelmente dentro de cinco anos, Papai estaria acamado. "Não se preocupe comigo", pediu ela. "Eu consigo carregar esse fardo." Segundo seus cálculos, se ele vivesse até os oitenta anos, os gastos com cuidados médicos e remédios, o custo de vida dos dois e o montante necessário para eu me casar totalizariam uma fortuna.

"Não quero que se preocupe", disse minha mãe. "Estamos nessa juntos! Mesmo que seu pai fique completamente paralisado, estarei lá para ajudá-lo. Posso pegar alguns pequenos trabalhos de novo, coisas que consigo executar em casa. Tudo o que você precisa fazer é trabalhar o máximo que puder nesses cinco anos."

Quando chegou a hora de retornar a Beijing, Papai se comportou como uma criança, implorando para que eu não fosse. Com muita relutância, concordou em me deixar ir a fim de procurar um emprego. O plano combinado com Mamãe exigia que trabalhássemos o máximo possível ao longo dos cinco anos seguintes; portanto, assim que arranjasse um emprego, eu voltaria para casa apenas algumas vezes por ano. Sempre que os visitava, levava trabalho comigo, então via meu pai rapidamente e me enfurnava em meu quarto para escrever. De manhã, ele me chamava para o café, ansiando pela minha companhia. Mas, como costumava ficar acordado até as 5h ou 6h escrevendo, eu descia sonolento, repreendia-o por me incomodar e depois cambaleava escada acima para dormir. O mesmo acontecia no dia seguinte.

Trabalhei nesse ritmo durante três anos; certa vez, fiquei realmente surpreso ao verificar minha conta bancária e perceber que havia economizado duzentos mil yuans. Comecei a fantasiar sobre o que poderia fazer com o dinheiro. Nunca contei a Papai, mas esperava conseguir levá-lo até os Estados Unidos para uma consulta médica. Eu tinha ouvido falar sobre alguns avanços na nanoneurociência, em que ferramentas microscópicas podiam ser inseridas nos vasos sanguíneos do cérebro para limpar bloqueios.

Passei a reduzir despesas, calculando cuidadosamente cada yuan gasto. Quando chegava em casa à noite, verificava minha conta online, observando o valor aumentar lentamente com o passar dos dias.

Contei a Mamãe sobre minhas economias, mas não sobre meu plano. Ela ficou feliz por já não ter que se esforçar tanto para sobreviver. Mais três anos, pensei, e meu pai ficará bem de novo. Assim que melhorasse, ele poderia voltar a comandar a família, e tudo seria como antes.

No entanto, em uma tarde chuvosa, a situação mudou. Quando parei na rua para assistir a uma TV que mostrava a contagem regressiva para a cerimônia de abertura da Copa do Mundo, meu celular tocou com uma ligação de meu primo.

"Você pode falar agora?", perguntou ele.

"Com certeza! Mas achei que você estaria assistindo à Copa do Mundo. Você é fã de futebol, não?"

"Esqueça isso. Preciso falar com você. Quero que prometa que, ao ouvir o que tenho a dizer, não entrará em pânico."

"O que está acontecendo? Por que está falando assim?"

"Promete?"

"Sim, prometo."

"Seu pai faleceu. Um pouco depois das 16h. Quando chegou em casa, sua mãe o encontrou caído. Ele havia desmaiado novamente. Ela nos chamou para levá-lo ao pronto-socorro, mas ele morreu no caminho."

Amaldiçoei Papai: *Achei que você ainda quisesse viver!*

Você disse que queria viver. Quebrou sua promessa.

Peguei um avião para Xiamen e cheguei em casa pouco depois das 23h. Encontrei meu pai deitado em frente ao altar ancestral. Ainda parecia rechonchudo, mas seu rosto estampava uma expressão de insatisfação. Os aplausos dos vizinhos que assistiam à Copa do Mundo ecoavam das casas ao longo da viela. A cada quatro anos, pensei, o mundo inteiro se reunia para comemorar.

Nenhum deles percebia que eu acabara de perder a pessoa mais importante da minha vida.

Segurei a mão de Papai. Não consegui chorar.

Sua mão estava rígida e fria. Não pude reprimir a raiva que crescia em algum lugar dentro de mim. "Como pôde fazer isso?", gritei com ele. "Simplesmente ir embora assim, sem nem mesmo dizer adeus? Você prometeu!"

Gotas de sangue começaram a escorrer dos olhos e dos cantos da boca de meu pai.

Uma tia se aproximou e me levou para longe. Pediu que eu me acalmasse. Disse que, mesmo quando alguém está morto, o espírito permanece no corpo. "Se você agir assim", explicou ela, "o espírito não consegue partir. O espírito está chorando. Ele está chorando sangue. Sua vida já era bastante difícil. Deixe-o ir, por favor, deixe-o ir".

Com horror, observei enquanto o sangue continuava escorrendo. Postei-me ao lado de Papai e, como se confortasse uma criança, disse: "Por favor, está tudo bem, pode ir, não estou culpando você, sei que fez o melhor possível..."

Repeti várias vezes, até que não consegui controlar minhas emoções e caí no choro, soluçando.

Um dia após a sua cremação, meu pai me visitou em sonho. "Eu vi as oferendas que você queimou", disse ele, com raiva. "O que eu vou fazer na vida após a morte com aquele carrinho que me deu? Por que não uma motocicleta? Nem sei dirigir um carro."

Quando acordei naquela manhã, contei o sonho à minha mãe. Papai também a visitara. Pedira a ela que me transmitisse uma mensagem: arranjar-lhe logo uma motocicleta. Ele queria passear pela costa.

"Seu doce pai", disse Mamãe, sorrindo.

4
Natal na UTI

Lembro-me do corredor que parecia interminável, com um piso de mármore que fazia até os passos mais suaves ecoarem alto e por muito tempo. O som de pessoas entrando e saindo estrondeava pelo corredor, e a iluminação fria refletida no chão fazia com que ele parecesse ainda mais comprido.

No extenso corredor, as placas em cada porta indicavam a razão de as pessoas estarem ali: Cardiovascular, Neurocirurgia… A doença governava o lugar, era o princípio organizador, ela ditava as regras e se impunha sobre todas as outras identidades.

Todas as pessoas reunidas nessas alas — não importava quem fossem ou o que faziam, se tinham acabado de descer de um púlpito ou estavam cochilando entre os arrozais — acordaram no mesmo lugar.

Onde quer que a doença as tivesse encontrado, quaisquer que fossem suas vidas, as pessoas acabaram no mesmo lugar, confinadas como animais de fazenda.

Estavam deitadas nos mesmos lençóis brancos, protegidas pelas mesmas cortinas brancas, olhando para o mesmo teto branco. Seus nomes não eram mais importantes. A doença era seu ponto em comum. Em outra vida, talvez não tivessem motivos para se encontrarem, mas lá os relacionamentos eram reorganizados por doenças compartilhadas, e dois estranhos podiam se conhecer intimamente em questão de dias.

A maioria das conversas se limitava a tópicos corpóreos. Comparavam sintomas e sensações detalhadamente. Alguém dizia algo como: "Hoje estou conseguindo respirar normalmente quatro ou cinco vezes antes de perder o fôlego. E você?"

"Eu consigo cerca de seis ou sete."

"Comecei a sentir uma dor no dedão do pé hoje, no esquerdo."

"Eu não. Mas às vezes sinto uma espécie de fluxo quente percorrer o meu…"

Em geral, há uma certa distância ou separação entre a consciência e o casulo que a carrega. Mas naquele lugar as pessoas percebiam, talvez pela primeira vez, a clara barreira entre o corpo e a alma. Elas aprendiam a respeitar o corpo tanto quanto respeitavam a alma ou as emoções.

Foi a doença do meu pai que me levou até lá. Eu tinha dezesseis anos.

Estou falando da unidade de terapia intensiva, a UTI. Localizada no último andar do hospital. O elevador levava a um longo corredor cheio de placas penduradas com nomes arrepiantes. Cada uma das doenças tinha uma ala com vários quartos, como se fosse um território capturado pelas forças de ocupação e os pacientes, seus prisioneiros de guerra. Antes de chegar à UTI, não fazia ideia de que os hospitais operavam com esse tipo de lógica marcial. As doenças mais mortíferas e sanguinárias detinham uma posição estratégica.

O ambulatório lidava com doenças brandas demais para persistirem por muito tempo, e o necrotério lidava com os corpos que a doença já abandonara. Os que ainda lutavam e os mortos eram colocados lado a lado.

Isso porque ambos eram produtos das enfermidades mais incompetentes. A morte nunca é o objetivo da doença; seu objetivo é invadir e dominar o corpo humano. Tanto os traumatismos e as moléstias simples quanto a morte são resultado de uma doença executada sem sofisticação ou elegância.

Eu costumava passar pelo ambulatório em minhas constantes saídas em busca de suprimentos ou sempre que precisava de uma folga da UTI.

Havia duas maneiras de descer do último andar. A primeira opção era um elevador ao lado do quarto do meu pai. Esse era o caminho mais direto para o ambulatório, mas o elevador normalmente estava lotado. Parava de andar em andar, fornecendo uma amostra de cada nível de doença: primeiro, a ala de neurociência; no andar seguinte, de clínica médica; depois, de cirurgia... Quando a porta se abria para o ambulatório, eu era atingido por um intenso burburinho.

A segunda opção era o elevador de funcionários. Estava sempre deserto. Havia uma regra tácita de que familiares de pacientes da UTI podiam usar esse elevador. Os funcionários nos consideravam camaradas de armas. Compartilhávamos um segredo: sentíamos o hálito da morte em nosso pescoço.

O elevador dos funcionários ficava na isolada extremidade sudeste do prédio, ao final do longo corredor. A pior parte do trajeto era atravessar o corredor infernal. Eu não conseguia evitar que meus olhos dardejassem de porta em porta, verificando cada leito para ver se faltava alguém. Uma cama inesperadamente vazia às vezes me pegava de surpresa.

Odiava esse sentimento. Era como se eu estivesse caminhando pela estrada e caísse em uma cratera. Sentia um aperto no coração.

Por essa razão, preferia pegar o elevador principal para descer ao ambulatório. Sabia que teria que passar pela multidão, pela conversa exasperada, pelo bafo úmido de transpiração — mas eu gostava de mergulhar naquele caos. Às vezes, o barulho do ambulatório lembrava um concerto, e o forte cheiro de suor provocava uma sensação peculiar. Cada vez que a porta do elevador se abria, eu esperava uma emoção diferente e me perguntava o que meus olhos, meus ouvidos e meu nariz captariam. As alegrias de ser humano, pensava comigo mesmo.

Logo após chegar à UTI, soube que havia outros adolescentes entre os familiares dos enfermos. Digo que fiquei sabendo, pois nunca os conheci realmente.

Havia uma barreira invisível que impedia que nos tornássemos amigos. Talvez fosse algo no olhar. Parecia que conseguiam ver através de mim, direto no meu coração. Eram os olhos de alguém que experimentava uma dor real; eram olhos lavados pelas lágrimas. Eu tinha essa consciência, pois os meus também eram assim.

É doloroso tentar falar com alguém com olhos tão penetrantes. É impossível não sentir que a conversa é muito banal ou simples, que sua tentativa fracassada de diálogo é ofensiva. Era como ser dissecado vivo. O melhor era ficar longe e evitar ao máximo uma segunda tentativa de conversa.

Evitávamos uns aos outros por mútuo acordo tácito. Acho que talvez houvesse outro motivo. Como éramos todos filhos de pacientes, já compreendíamos o que os corações alheios escondiam. Eu sabia o tipo de dor que enfrentavam e que aquela fachada de coragem não passava de encenação. Sabia o quanto se sentiam culpados assim que faziam uma piada na tentativa de esquecer tudo o que estavam passando.

Portanto, nem me dava ao trabalho de tentar fazer amizade com alguém da minha idade.

Após chegar a essa conclusão, sempre que alguém tentava invadir meu espaço ou se aproximar de mim, eu o encarava até que recuasse.

No entanto, cuidar do meu pai não era o suficiente para afastar minha mente da tristeza. Na UTI, se você se permite um momento de reflexão, seus pensamentos o esmagam. Essas emoções insidiosas são as cruéis mercenárias da doença.

Havia todo tipo de pequenas tarefas para desviar minha mente da situação. Quando trocava o acesso intravenoso de meu pai, tinha que procurar um pedaço de pele ainda não perfurado por inúmeros orifícios minúsculos. Certa vez, os médicos prescreveram um medicamento novo e precisei escolher entre a opção chinesa e a importada, mais cara. "Qual você quer?", perguntou o médico. Indaguei o preço do remédio importado e pensei em todas as possibilidades.

"Será que o nacional terá algum outro efeito colateral?"

"Provavelmente. Ele pode sentir dor após a administração. Não há essa chance com o importado."

Fiz um rápido cálculo mental de quanto dinheiro ainda tínhamos e quanto tempo Papai poderia continuar no hospital.

"Quero o nacional", decidi.

Então tive que assistir a meu pai se contorcendo de dor, sem conseguir dormir.

A família do paciente do quarto ao lado costumava me repreender: "Você precisa cuidar melhor dele. Não faça economias em seu tratamento!"

Só me restava rir.

No início, decidi que poderia fazer amizade com os pacientes da UTI — algo impossível com os familiares, pois estavam preocupados demais, estressados demais. Os pacientes muitas vezes tinham uma atitude radiante, mesmo que fosse apenas uma fachada. Talvez o sol seja a comparação perfeita: para irradiar toda aquela energia, precisavam consumir a si mesmos como combustível.

Interessei-me por um paciente que ficava no fim do corredor do andar de meu pai. Era um homem moreno e magro de Zhangzhou, uma cidade a oeste de Xiamen, com idade suficiente para que eu o chamasse de tio. Ele foi internado na UTI por doença cardíaca. Ao falar, fazia pausas frequentes para recuperar o fôlego, mas, fora isso, parecia bastante saudável.

Ele costumava se alimentar muito bem antes, mas quando o conheci não conseguia comer nem uma tigela cheia de arroz. Um dia, rindo, contou-me a história de seu primeiro encontro com a esposa e a família dela. Em um jantar típico de um arranjo matrimonial, ele deixara a futura sogra em choque ao devorar quatro tigelas cheias de arroz cozido no vapor. Segundo ele, esse teria sido o motivo de ela consentir o casamento. Quando eu o ajudava a ir ao banheiro, ele entrava sozinho na cabine, depois gemia e tremia, esperando que algo saísse. Em seguida, gritava através da divisória: "Não consigo mais mijar, só pinga, parece um cano furado!"

Ele costumava se divertir com as enfermeiras, às vezes extrapolando um pouco. Se visse uma delas mais bem arrumada do que o normal ou usando maquiagem, perguntava: "Então, que horas você vem me buscar esta noite?"

Seus parentes costumavam chamá-lo de velho safado.

O apelido se espalhou pelo hospital e acabou virando Velho Pervertido.

"Conte-nos uma piada, Velho Pervertido", disse alguém, enquanto ele comia uma maçã.

"Perdemos você, Velho Pervertido?"

Ele riu e respondeu: "Estou aqui, ainda estou aqui, ainda não morri."

Meu pai tinha ciúmes de nossa amizade. Ele queria se divertir comigo também. Tentava me seduzir com histórias sobre seus anos de juventude, sobre antigas namoradas ou golpes que aplicou com sua gangue. Mesmo assim, eu ia visitar o homem de Zhangzhou. Eu costumava dizer a Papai para seguir o exemplo dele: "Olhe só, ele ainda tem felicidade no coração. Isso é melhor do que qualquer medicamento."

Meu pai abandonou a rivalidade, mas se recusava a conversar com o homem.

Todas as noites, eu ia até a lanchonete do segundo andar e comprava os mesmos itens: três porções de mingau de arroz, uma porção de carne, uma porção de vegetais e — com minha habitual hesitação — um pedaço de guisado de porco para o homem de Zhangzhou. Seu médico havia pedido que ficasse longe da carne gordurosa e glaceada da barriga de porco, e sua família nunca compraria para ele, mas eu sempre o presenteava secretamente com uma porção.

Ao sair do elevador, eu parava para visitá-lo antes de seguir para o quarto de Papai.

No entanto, certa noite, voltando da lanchonete, encontrei sua cama vazia. Refleti por um momento e concluí que a família devia tê-lo levado para jantar. Levei a comida para o quarto do meu pai e começamos a comer. "Aquele cara de Zhangzhou não está no quarto", comentei casualmente. "A família dele o levou para jantar? Se foram comemorar algo, deveriam ter me convidado."

"Ele faleceu", disparou Mamãe, sem nem olhar para mim.

Sem palavras, terminei a refeição e depois subi na cobertura do hospital para ver o pôr do sol. Jurei nunca mais fazer amizade com um paciente da UTI. Voltei sorrateiramente para o quarto de Papai, puxei a cadeira reclinável, me deitei e sufoquei a tristeza.

Tia Wang era uma das pessoas mais populares da enfermaria. Ela era uma das faxineiras e, como as outras, carregava consigo o cheiro da sujeira. Tinha uma voz poderosa e era muito trabalhadora.

Porém, pensando bem, tia Wang não era realmente uma boa pessoa. Se não houvesse alguma vantagem direta, ela se mostrava desinteressada. Quando não fingia esquecer suas tarefas, até ajudava, mas resmungava o tempo todo, xingando baixinho. Sua maneira de falar não era particularmente agradável. Às vezes, os filhos dos pacientes que acabavam de chegar brincavam no corredor, atrapalhando o caminho, e ela empurrava o esfregão para o lado e vociferava: "De quem são essas crianças? Fedelhos! Correndo e se divertindo enquanto há pessoas morrendo aqui!"

Os gritos das crianças ecoavam pelo corredor, então surgia um adulto, furtivo como um ladrão, e as levava para longe. Em seguida, dava para ouvir um choro abafado em um dos quartos da ala.

O único motivo de tia Wang se dar bem com alguém era porque a UTI era uma espécie de comunidade exclusiva, onde ela tinha menos contato com doenças. Não havia necessidade de se preocupar com certos aspectos. Não havia necessidade de esconder sua dor. Não havia chance de ela desaparecer repentinamente da enfermaria. E seu mau humor também tinha vantagens: não havia expectativa ou razão para criar qualquer vínculo permanente com ela.

Vi muitas famílias irem embora e nunca mais voltar. Assim que tinham a chance de partir, pareciam apagar de suas memórias quaisquer vestígios daquele lugar. Era como se a UTI fosse um universo paralelo.

Tentei simpatizar com a tia Wang. Assim como eu, ela deve ter criado alguns laços com pacientes — e viu seus novos amigos desaparecerem. Então aprendera a se proteger. Ela sabia que as famílias da UTI, por mais sinceras que parecessem, um dia partiriam e nunca mais voltariam.

Senti um certo carinho por tia Wang quando percebi o que deve ter passado.

Tentei descobrir algo que a deixasse feliz. Ela definitivamente gostava de fofocar. Um dia, contou a história do senhor Wang, no departamento de ortopedia do quarto andar, que cambaleou até o banheiro com uma perna quebrada, acabou escorregando e quebrando a outra perna. Ela descreveu as duas pernas imobilizadas suspensas sobre a cama como um grande V. Mas sua maior contribuição para a rede de fofocas do hospital foi a história de gêmeos siameses nascidos na maternidade do departamento de obstetrícia do segundo andar. Segundo ela, os pais choravam e os médicos ainda tentavam descobrir como separá-los. "Fui dar uma espiada neles enquanto limpava o departamento. Pareciam um par de deuses do templo!" Ficava toda animada ao contar uma fofoca maldosa, gesticulando de maneira efusiva.

Eu não conseguia parar de pensar nos gêmeos. Por vários dias, esse assunto pareceu dominar a UTI. Todos tentando imaginar como viveriam.

Era como uma novela, e cada nova reviravolta e desdobramento eram relatados por tia Wang. Certa manhã, ela anunciou que os gêmeos siameses eram dois meninos. "Que pena que acabaram assim", comentou um dos espectadores. "Meninos gêmeos são uma bênção."

Mais tarde, naquele mesmo dia, ela voltou para dar a notícia de que os médicos planejavam usar uma serra cirúrgica para separar os gêmeos. Segundo tia Wang, era apenas questão de tempo. A UTI estava em alvoroço, todos especulavam sobre o procedimento. Os pacientes já haviam passado por sua cota de cirurgias, então tinham as próprias teorias sobre como poderia ser feito.

No dia seguinte, todos aguardavam o próximo capítulo. Tia Wang não decepcionou. "Eles têm apenas um coração", contou.

Todos se reuniram para discutir o novo desdobramento. "Aiya! Isso significa que ficarão unidos pelo resto da vida, comerão juntos, dormirão juntos, para sempre", comentou um dos presentes.

Como o departamento de obstetrícia, que incluía a maternidade, ficava no mesmo andar da lanchonete, toda vez que buscava a comida, eu me esgueirava para espiá-los. Tinha liberdade para perambular pelo hospital, já que todas as enfermeiras me conheciam e permitiam que eu passeasse por outras alas, mas esse privilégio, concedido aos familiares de pacientes da UTI, não se estendia ao departamento de obstetrícia. Eles sabiam que convivíamos intimamente com a morte e não queriam arriscar que a passássemos aos recém-chegados ao hospital.

As fofocas da maternidade eram as mais valorizadas. Todos ouviam atentos a cada palavra de uma história envolvendo um recém-nascido. A ala da maternidade era como um maravilhoso ponto turístico. As crianças da UTI estavam sempre procurando maneiras de entrar sorrateiramente.

Vários artifícios eram empregados, como fingir que estavam levando comida, que precisavam pegar uma receita ou até usar um gorro médico e uma máscara cirúrgica como disfarce. Todos falhavam.

Finalmente convenci tia Wang a me levar à maternidade em troca de uma série de livros de reforço que ela planejava dar para os filhos.

Recebi um balde de esfregão para carregar, e tia Wang me mandou segui-la até a enfermaria. Ela ofegava ao caminhar, e eu podia sentir seu odor corporal. Duas enfermeiras de plantão vigiavam a porta da maternidade como soldados em um bloqueio de estrada. Elas me olharam desconfiadas.

"Não estou me sentindo bem hoje", disse tia Wang, tentando se explicar, "então ele se ofereceu para me ajudar. É um bom menino".

As enfermeiras confabularam e, em seguida, me entregaram um jaleco azul para vestir. Mas, enquanto eu seguia tia Wang até a maternidade, uma delas me advertiu. "Você precisa ir para a sala de desinfecção e se limpar primeiro!"

Deu para perceber sua desconfiança. Joguei o jaleco no chão e corri de volta para a UTI.

Desisti de tentar ver os gêmeos siameses. Entretanto, tia Wang continuou nos atualizando até cerca de uma semana após minha visita frustrada à maternidade; depois, parou de tocar no assunto. Ninguém conseguiu arrancar mais nenhuma informação dela.

Todo mundo percebeu o que havia acontecido. Era o que todos temiam que acontecesse a eles ou a seu ente querido.

Aquela cujo nome não deve ser pronunciado havia levado os gêmeos embora. E eles poderiam ser os próximos.

Quando vi a maneira como se olhavam, soube exatamente o que estava acontecendo entre a enfermeira-chefe e o novo médico.

A enfermeira-chefe deve ter sido uma bela mulher quando jovem. Seu rosto ainda mantinha a forma elegante, pelo menos. Havia duas covinhas nas bochechas que se aprofundavam quando sorria, mas, pelo que eu via, normalmente se mostrava impassível e falava em um tom monótono e maçante.

Tinha um posto de enfermagem no meio da UTI. Havia um balcão parecido com o que vemos em clubes noturnos, mais ou menos na altura da cintura, e ficava bem ao lado do que chamávamos de sala VIP, cuja porta estava sempre fechada. Os médicos podiam entrar e sair quando bem entendessem, mas os pacientes precisavam de um convite.

Ninguém sabia como era o interior da sala, por isso se tornou um assunto de especulação na UTI. Corria o boato de que havia móveis de estilo europeu e um tapete felpudo, e alguns diziam que havia até uma mesa de sinuca.

No entanto, todos sabíamos que um dia receberíamos o chamado. Um convite para a sala VIP significava que seu familiar estava em uma encruzilhada de vida e morte. A reunião na sala VIP era para tratar da derradeira opção cirúrgica.

O procedimento começava assim: na tarde anterior ao agendamento da cirurgia, a enfermeira-chefe aparecia com um sorriso e um formulário de notificação para o familiar do paciente. "Os médicos querem falar com você esta noite", dizia. "Traga quem quiser para acompanhá-lo." Às 20h, ela batia na porta e conduzia a família até a sala VIP.

A porta da sala VIP se abria brevemente e fechava assim que a família entrava. Na manhã seguinte, o paciente em questão era levado para a sala de cirurgia. Era a última vez que alguém o via. Se a cirurgia fosse bem-sucedida, ele seria transferido para uma sala de recuperação, na qual ficaria em observação antes de ser encaminhado para uma das enfermarias nos andares inferiores ou receber alta diretamente. Se a cirurgia fracassasse, o retorno à UTI seria desnecessário.

O romance entre a enfermeira-chefe e o jovem médico deixou todos na UTI em estado de alerta. Em um lugar como aquele, o amor era algo extremo, uma alegria inimaginável ou uma tristeza esmagadora. Os pacientes também tinham preocupações de ordem prática, já que uma mudança no humor da enfermeira-chefe poderia significar um descuido na aplicação da próxima injeção. Todos estudavam seus rostos em busca do menor sinal de mudança nos sentimentos, mas a enfermeira-chefe e o médico nunca tiravam a máscara de profissionalismo.

Era ainda mais estressante para mim, pois o médico era o responsável pelo departamento de doenças vasculares, então, na hora da cirurgia, ele poderia ter a vida do meu pai nas mãos.

O romance entre a enfermeira e o jovem médico tornou-se questão de segurança pública. Havia constante especulação sussurrada sobre o progresso do relacionamento e discussão de como as coisas se desenrolariam.

A primeira reação foi encontrar uma forma de acabar com o romance. Houve sugestões de que deveríamos espalhar um boato para separá-los. Quando a enfermeira-chefe se aproximou para dar a injeção, um paciente contou que vira o médico rondando uma enfermeira de um andar inferior. "Ah?", declarou a enfermeira-chefe. "É mesmo?" Embora parecesse calma, a maneira como enfiou a agulha a denunciou — e deixou o pobre paciente gemendo de dor.

Outro paciente pensou que deveria apresentar o médico a uma jovem solteira, prometendo-lhe que, além de ser de família rica, ela era mais bonita do que a atual. Quando a enfermeira-chefe ficou sabendo do esquema, invadiu o quarto do paciente. "Acho que você está gostando demais de sua estadia aqui", afirmou, com os braços cruzados sobre o peito.

Depois disso, todos decidiram que era preferível que o namoro prosseguisse na maior estabilidade possível. Os familiares dos pacientes perambulavam pelos corredores, tentando ouvir algum comentário da enfermeira-chefe a fim de passá-lo para outra pessoa, que daria as dicas ao jovem médico. Se a enfermeira-chefe parecesse chateada, dávamos o nosso melhor para descobrir o problema e, em seguida, fazíamos o possível para resolvê-lo.

Meu papel no esquema era mínimo. Eu era encarregado de elogiar a enfermeira-chefe sempre que a via — "Você está linda hoje" — e de comentar com o jovem médico como ela era atenciosa e responsável. "Sabe", eu dizia, "esse é o tipo de mulher com quem gostaria de me casar".

Entretanto, parecia que eu sempre esbarrava com o médico no banheiro. Ele calmamente fechava o zíper das calças e, ao se virar, soltava os cachorros: "Seu fedelho! Se eu pegá-lo falando desse jeito novamente, vou lhe dar uns bons cascudos." Eu só assentia. Não podia revelar que estava apenas fazendo minha parte no esquema. Mas, ao reencontrá-lo, falava de novo.

Enfrentávamos cada dia da melhor maneira que podíamos, mas pelo menos tínhamos essas pequenas tarefas como entretenimento temporário. Meu pai parecia estar melhorando também. E isso poderia significar que estava bem o suficiente para encarar a cirurgia. Os médicos começaram a prescrever medicamentos mais brandos. Tive a sensação de que nossa visita à sala VIP era iminente.

Eu tinha razão. Não demorou muito para recebermos o convite. A enfermeira-chefe nos conduziu — minha mãe e eu — para dentro do posto de enfermagem e até a sala VIP. Havia várias mesas amplas com cadeiras de escritório e um sofá grande e macio, que parecia um oásis de pelúcia em um canto da sala.

O sofá servia para acomodar os familiares do paciente. A intenção era fazê-los se sentir seguros e confortáveis.

Não tive tempo de processar a decepção com a falta de um tapete felpudo ou de uma mesa de bilhar. O médico encarregado do tratamento de Papai nos aguardava em um dos cantos do sofá. Quando entramos, ele sorriu e se levantou para nos cumprimentar — me deu um aperto de mão surpreendentemente firme. Percebi que tudo aquilo — o sorriso, o sofá, a firmeza do aperto de mão — devia ser resultado de uma pesquisa cuidadosa sobre a melhor maneira de lidar com a família dos pacientes antes da cirurgia.

Alguns outros médicos ocuparam seus lugares pela sala e notei que o jovem médico estava entre eles. Minha suposição estava certa: ele participaria da cirurgia do meu pai.

O médico-chefe deu início a uma explicação detalhada sobre a cirurgia que nos deixou totalmente confusos.

Minha mãe o interrompeu. "Doutor, só quero saber quais são as chances dele."

"Cerca de 60%. Gostaria que estivessem cientes dos riscos. Durante a cirurgia, o coração dele será substituído temporariamente por um artificial. Se a pressão arterial cair muito enquanto ele estiver conectado à máquina, pode ser impossível salvá-lo. Mas, se conseguirmos estabilizá-lo e fazer a cirurgia, nosso plano é substituir a válvula cardíaca por uma artificial. O risco desse procedimento é a formação de uma bolha de ar no sistema circulatório. Se isso acontecer, então, novamente, pode ser impossível salvá-lo."

Mamãe parecia prestes a desmaiar. Ela fez um gesto para que o médico-chefe parasse.

"Sinto muito", desculpou-se ele, "mas isso é necessário. É meu dever informá-los dos riscos".

A palestra do médico-chefe pareceu durar uma eternidade. "Temos o seu consentimento para realizar a cirurgia?", enfim perguntou. "Como eu lhes disse, posso prever uma taxa de sucesso de 60%, mas vocês precisam considerar esse número em comparação com as perspectivas dele sem o procedimento. Se a válvula cardíaca não for substituída, é improvável que ele sobreviva para ver a próxima primavera."

Minha mãe ficou sem palavras. Então virou-se para mim. "Eu quero que decida. Você é o chefe da família agora."

"Posso pensar um pouco?", questionei.

"Tudo bem", afirmou o médico-chefe, "mas o tempo é crucial. Precisamos fazer a cirurgia antes que seja tarde demais. Temos uma janela de oportunidade aqui e agora. Gostaríamos de realizá-la depois de amanhã, bem cedo".

Quando saí da sala VIP, fui até o terraço da cobertura do hospital. Percebi pela primeira vez o alambrado que cercava toda a borda. Talvez fosse uma proteção para os momentos em que as pessoas abandonavam a esperança.

Esperava ficar sozinho no terraço, mas avistei um outro garoto da minha idade. Eu o reconheci. Era o garoto que vira saindo da sala VIP pouco antes de minha mãe e eu entrarmos. Imaginei que a mesma responsabilidade tivesse sido imposta a ele.

As regras implícitas da UTI ditavam que deveríamos nos ignorar, mas ele quebrou o silêncio inesperadamente. "Você sabia que amanhã é Natal?"

"É mesmo?", declarei. Nem tinha me dado conta.

"Meu pai queria voltar para casa no Festival da Primavera. Ele disse que gostaria de ver os fogos de artifício. Podemos soltar fogos de artifício no Natal?"

"Acho que não."

Nós dois nos viramos para olhar a escuridão que caía, depois a cidade abaixo, com suas ruas lotadas e sua tapeçaria de luzes ganhando vida ao anoitecer.

Assinei o formulário de consentimento. Fui sozinho, pois Mamãe estava com medo de começar a tremer se tivesse que enfrentar os médicos e a sala VIP novamente.

Quando terminei, o jovem médico ficou encarregado de me passar as instruções. "Peço que, amanhã à noite, você se certifique de que seu pai esteja mentalmente preparado para a cirurgia. Isso significa atender a todas as suas vontades. Ele tem que querer sobreviver. Quando alguém deseja viver, quando realmente está agarrado a este mundo, as chances aumentam. Mas você precisa garantir que ele esteja preparado."

Como de costume, eu estava encarregado de buscar o jantar naquela noite. Minha mãe solicitou o pato marinado de que Papai tanto gostava. Ele não poderia comer, mas ela achou que seria bom ao menos admirar o prato. De repente, tive outra ideia. Comprei a comida que ele menos gostava: fatias de peixe e verduras.

Meu pai ficou chateado e me importunou a noite toda.

Tentei confortá-lo. "Depois de amanhã, compro algo especial para você, que tal um pato inteiro?" Ele não tinha ideia de que a taxa de sucesso da cirurgia era de 60%, mas sabia o suficiente para ficar ansioso. Parecia querer transmitir alguma sabedoria final para mim. "Quero que cuide de sua mãe", revelou.

"Não estou pronto para cuidar dela. Sou muito novo."

Isso não serviu para acalmá-lo.

Meu pai fez uma pausa e respirou fundo. "Por que seus tios não estão aqui?", perguntou. "Eu deveria ligar para eles. Preciso dizer algumas coisas."

"Eles estão resolvendo os próprios problemas. Não têm tempo para conversar com você agora. Espere até sair daqui. Você pode falar com eles depois."

Papai me encarou. "Você sabe que não deve aborrecer uma pessoa doente, não é mesmo?"

"Não estou tentando aborrecê-lo", respondi. "Estou falando a verdade! Eles disseram que viriam depois de amanhã. Então poderão passar o dia inteiro com você."

"Você é ardiloso, não?", observou e depois se calou. A cirurgia era uma aposta, e eu não tinha certeza de que valia o risco. Se meu pai não sobrevivesse, eu lamentaria essa conversa pelo resto da minha vida.

Ouvi uma criança no corredor gritando algo sobre o Natal. Ela estava pedindo um presente a alguém, mas não escutei resposta alguma. Os gritos eram como uma pedra jogada em um poço fundo demais para se ouvir o respingo da água. A criança ainda era jovem para saber. Havia dias muito mais importantes do que o Natal.

Mamãe não aguentava mais, estava deprimida e ansiosa. Resolveu abrir a janela para tomar um pouco de ar fresco. Naquele exato momento, um raio de luz disparou do solo, cortando a escuridão tenebrosa, subindo até ficar quase no nível da janela. Quando atingiu seu ápice, floresceu em uma bola de luz brilhante e multicolorida: alguém estava soltando fogos de artifício.

Todos na UTI se alegraram: "Fogos!"

As luzes da explosão colorida cintilaram. Eu me virei e vi Papai sorrindo. Que maravilha, fogos de artifício.

Soube imediatamente quem acendera o pavio. Percebi o quanto ele devia amar seu pai. Coloquei minha cabeça para fora da janela e avistei o garoto que conheci na cobertura. Três seguranças o cercavam.

Às 9h do dia marcado, meu pai foi levado para a sala de cirurgia. Meus tios e o resto dos primos haviam chegado na noite anterior. Aguardamos de prontidão em frente à porta.

Havia alguns assentos perto da sala de cirurgia, mas eram banquinhos de plástico baratos, do tipo que você encontraria em um restaurante chulo. Ninguém conseguia sentar neles por muito tempo antes de decidir que era melhor ficar de pé.

Por volta das 10h, uma enfermeira saiu apressada da sala. Minha mãe começou a chorar. Ninguém se atreveu a perguntar à enfermeira o que estava acontecendo.

Logo depois, uma equipe de médicos passou por nós e entrou na sala de cirurgia. Ignorando os regulamentos do hospital, meus tios acenderam cigarros.

Ao meio-dia, ainda não havia notícias. E o entra e sai de enfermeiras e médicos cessou. O clima na sala de espera era de ansiedade.

O silêncio era absoluto, podíamos ouvir o tic-tac do relógio. Alguns parentes queriam procurar alguém que lhes desse qualquer informação, mas a porta da sala de cirurgia estava bem fechada. Ninguém entrava ou saía.

Pouco depois das 13h, uma única enfermeira saiu da sala e passou por nós sem dizer uma palavra.

Alguns parentes começaram a chorar.

Meus tios estavam fartos. "Por que vocês estão chorando?", perguntou um deles.

"Eles estão ocupados lá", disse o outro. "Vocês estão imaginando o pior." Os dois jogaram as bitucas de cigarro no chão e foram para o outro canto.

Quando Papai finalmente saiu da cirurgia e foi para a sala de recuperação, olhei em volta à procura do garoto que tinha soltado os fogos de artifício, mas não havia sinal dele.

"Saiu mais algum paciente da cirurgia hoje?", perguntei a uma enfermeira.

"Só o seu pai."

Eu não conseguia ficar parado. Saí sorrateiramente sem avisar ninguém e voltei para a UTI. Os pacientes e suas famílias não conseguiam esconder a empolgação. Mas eu não estava com disposição para felicitações.

"Vocês conhecem o paciente que fez a cirurgia no mesmo dia que meu pai?", questionei. "Como ele está?"

Alguém parecia saber de quem eu estava falando.

"Sim, deve ser esse mesmo", afirmei. "Ele tem um filho da minha idade."

"Ele foi para a cirurgia ontem. Não o vimos voltar", explicou outra pessoa.

Eu me virei e caminhei até o elevador sem dizer mais uma palavra. Desci até o primeiro andar e saí pelo ambulatório. As marcas dos fogos de artifício ainda estavam na calçada do lado de fora. Não restava muito, apenas uma camada de cinzas.

Sabia que, em poucos dias, o vento varreria tudo e a poeira da cidade enterraria todos os vestígios.

Já não restava muito. Era como se nunca tivesse acontecido.

5
Amigos Celestiais

Pouco depois do seu funeral, meu pai começou a aparecer nos sonhos de minha mãe. O homem que ela via ainda estava parcialmente paralisado, como Papai estivera em seus últimos anos. No sonho, ela o avistava do outro lado de um riacho. Ele estava agachado, inclinado para o lado, com um leve sorriso no rosto, olhando para ela com uma expressão serena.

Nada de muito especial parecia acontecer nesses sonhos. Na verdade, eram bastante plácidos. Mas Mamãe não estava preparada para atribuí-los ao simples luto. Esta foi a sua conclusão: "Seu pai está me pedindo ajuda."

"Deve haver alguma pendência desta vida afligindo-o", argumentou ela, "alguma dívida que não conseguiu pagar. É por isso que ele ainda tem a mesma aparência de depois do AVC. Se a alma segue em frente, a pessoa não aparece mais em sonhos. Só nos visita uma última vez e, então, desaparece".

Minha mãe tinha certeza de duas coisas: a primeira era que "todos temos dívidas nesta vida, e você não pode deixar este mundo antes de pagá-las", e a segunda era que "se a alma segue em frente, a pessoa não aparece mais em sonhos".

Ela fez uma promessa solene de ajudar meu pai.

Só muito mais tarde eu soube que, quando jovem, Mamãe era uma cética obstinada. Não acreditava em nada sobrenatural. Isso me surpreendeu, considerando que minha avó era uma espécie de xamã.

Minha mãe nasceu logo após a fundação da Nova China. Isso foi em 1949, época em que a política era soberana e seus slogans eram exibidos em santuários e templos ancestrais. Vovó e Nana mantiveram a crença viva e nunca pararam de oferecer incenso aos deuses e antepassados. Na verdade, o ceticismo de Mamãe não tinha nada a ver com política. Os tempos eram difíceis e ela passava fome; não acreditava que sua família seria abandonada à própria sorte se realmente existissem deuses.

Minha mãe tinha três irmãs, uma mais velha e duas mais novas, e dois irmãos, um mais velho e um mais novo. Uma família tão grande foi o resultado de uma campanha para aumentar a taxa de natalidade. Como em qualquer outro lugar do mundo, o governo estava preocupado com a questão teórica — aumentar o número de nascimentos —, mas os aspectos cotidianos (alimentar todas essas crianças, por exemplo) às vezes eram considerados irrelevantes demais para serem um ponto de atenção. A responsável por alimentar as crianças era minha avó, que, assim como meu pai, sofria com a paralisia parcial. Ela trabalhava como xamã em casa. Mamãe não tinha problemas em falar sobre essa época de sua vida, mas sempre evitava enfatizar as dificuldades. Segundo ela, todo mundo passava pelas mesmas situações, que precisavam ser enfrentadas de um jeito ou de outro. Seu sofrimento não era único; a singularidade estava nas maneiras que diferentes pessoas inventavam para lidar com os infortúnios.

Na cultura do povo hokkien, as mulheres e meninas devem ser virtuosas e obedientes, mas minha mãe aprendeu a ser durona. Foi a primeira garota a subir em uma árvore para colher frutas. Essa estratégia até ajudava, mas não era o suficiente, então ela surpreendeu a família ao se tornar especialista em capturar caranguejos e camarões. Mamãe era boa nisso porque corria riscos. Todas as manhãs, levantava-se às 4h ou 5h, muito antes de qualquer pessoa na casa, e descia para os mangues. Estava disposta a ir a lugares onde ninguém mais iria (as águas ao redor do atol rochoso eram repletas de vida marinha, mas a maioria das pessoas não se arriscaria, já que era impossível se aproximar de barco sem encalhar, e, a pé, havia o perigo de ser pego pelas correntes marítimas). Minha mãe quase não conseguiu voltar de uma dessas expedições.

Quanto maior o risco, mais rica a recompensa: essa é uma regra que se aplica a muitas coisas neste mundo. O crepúsculo era o melhor momento para pescar no atol, mas também era o mais perigoso, pois a maré estava retornando para inundá-lo. As correntes eram fortes e carregavam uma miríade de ondas que batiam contra o atol. Quem tinha o azar de ser pego no afloramento rochoso enfrentava as ondas e as correntes, mas também a elevação inexorável do oceano à sua volta.

Certa noite, a fome e a ambição de Mamãe a mantiveram no atol além do ponto em que poderia escapar com segurança da maré. A água começou a cercá-la. As ondas avançavam, tentando carregá-la em seus braços. A maré subiu, ameaçando engoli-la. Havia um pequeno barco não muito longe e alguém a bordo viu o que estava acontecendo. Os tripulantes tentaram se aproximar o suficiente para resgatá-la, mas as ondas chacoalharam o barco e o piloto foi finalmente obrigado a recuar. As pessoas a bordo só puderam gritar para ela de longe.

Minha mãe foi forçada a se resgatar. Cerrou os dentes, pendurou os frutos da pescaria da tarde no ombro, respirou fundo e pulou no mar. Havia algo infantil em sua resolução, como uma criança fazendo pirraça. As ondas a sacudiram, mas, talvez por sua obstinada recusa em ceder, os demônios do mar a devolveram. Ela foi arrancada das correntes labirínticas e cuspida em mar aberto, com a pesca do dia ainda pendurada no ombro.

Segundo seu relato, ao ser puxada para dentro do barco, Mamãe manteve a cabeça erguida. Não deixou transparecer o quanto estava assustada. Porém, essa foi sua última expedição para pescar no atol. "Ainda me lembro de como me senti sozinha", contou. "Ainda me recordo daquela sensação." Por muitos anos depois de ouvir a história, tentei imaginar minha mãe mergulhando para enfrentar as correntes. Ela tinha a arrogância da juventude, quando a ausência de medos é decorrente da ignorância dos perigos à espreita. Confiou em uma espécie de instinto, algum senso inato, para lutar contra o caos das ondas. Independentemente do que o destino tenha lhe reservado, ela tomou a direção oposta.

Mamãe me disse que desde pequena ouvia minha avó suspirar e lamentar: "Como uma moleca igual você vai criar um filho ou ser uma boa esposa?"

Quando os deuses querem levar um mortal para junto deles, descobrem o que falta em sua vida e lhe concedem. A maioria das pessoas não sabe o que realmente deseja ou precisa; segundo minha mãe, a verdade é que elas têm medo de descobrir.

Mesmo durante os anos revolucionários, o povo hokkien se apegava a seus costumes, os quais, embora ultrapassados, foram transmitidos em um ciclo de autoperpetuação.

Assim como todas as mulheres do sul de Fujian, Mamãe foi obrigada, desde a adolescência, a participar dos encontros arranjados para achar um marido. Naquela idade, sua vida futura — e o homem que desempenharia o papel central nela — era vislumbrada como um borrão, algo remoto demais. Minha mãe e suas colegas conheciam os passos necessários para cumprir sua feminilidade: o primeiro era se casar; o segundo era ter um filho para o marido, de modo a acrescentar mais uma instância na genealogia e, assim, assegurar que o nome da família fosse passado para outra geração; o terceiro era ganhar dinheiro suficiente para cuidar dos filhos; o quarto era economizar para o dote de uma filha (se o dote fosse muito pequeno, poderia haver bullying dos futuros sogros); o quinto era pagar o preço da noiva e realizar o casamento do filho; o sexto era garantir que um neto nascesse e o sobrenome fosse transmitido novamente; o sétimo era ajudar a criar o neto; e, uma vez que todos esses passos fossem concluídos, a responsabilidade matriarcal seria passada para a próxima geração junto com todos os costumes e tradições, e as mulheres da geração anterior seriam relegadas a um papel de supervisão. Quando os deuses e ancestrais considerassem o trabalho da mulher concluído, ela finalmente seria convocada a deixar este mundo e seguir para sua próxima vida.

Para mulheres como minha mãe, cada passo da vida adulta era planejado para elas, lentamente conduzindo-as ao "felizes para sempre". Quando Papai e meus avós visitaram a família de Mamãe, ela ficou em um canto, dirigindo a meu pai apenas uma breve olhadela e um aceno quase imperceptível. O discreto aceno era seu consentimento ao enérgico impulso em direção à idade adulta.

O primeiro grande teste veio quando seu primogênito nasceu menina. A família ofereceu seus melhores votos, mas minha mãe sabia que as palavras gentis escondiam uma exortação para que o próximo bebê fosse um menino. A pressão não vinha apenas dos parentes — ela também queria muito um filho. Desejava um filho que herdasse sua impulsividade e teimosia.

O segundo teste estava chegando, e Mamãe conseguiu manter a compostura durante a maior parte da gravidez, mas desabou um mês antes do parto. Ela desatou a chorar e foi ao templo da

Senhora Linshui, jurando à deusa da maternidade que, se desse à luz um filho, pararia de negar o sobrenatural e devotaria sua fé eterna aos deuses.

Nasci um mês depois.

Minha mãe descreveu como foi parar naquele templo em especial. No sul de Fujian, ao contrário da maior parte da China, os templos não são segregados por seitas. Dentro de um grande templo, muitas vezes há deuses e divindades de várias religiões, então você pode encontrar os Três Budas ao lado de um santuário para a divindade taoísta Guan Yu e, mais à frente, um altar para os deuses locais da terra ao lado de um templo para Mazu, a deusa do mar.

Na primeira vez que foi ao templo, ela não tinha ideia de como pedir ajuda aos deuses ou quais deuses em específico seriam os mais eficazes. Finalmente, uma senhora que passava explicou que cada deus tem a própria jurisdição e séquito: há um deus da cozinha e, para as questões agrícolas, há os deuses da terra; cada vila ou distrito possui as próprias divindades locais. "Seja qual for sua situação, haverá um deus para orientá-la ou remover um pouco do fardo de seus ombros." Naquele momento, Mamãe quis acreditar em algo maior.

"Percebi que todo o fardo que eu carregava acabaria me esmagando", revelou, "e a ideia de que havia um deus capaz de tirar um pouco do peso me pareceu maravilhosa".

Não sei quantas pessoas em nossa cidade natal têm a mesma relação com os deuses que minha mãe. Desde que consigo me lembrar, ela tratava os deuses com a naturalidade de um membro da família, visitava o templo como se fosse a casa de um primo. Sempre que algo a incomodava, o primeiro lugar a que ela ia era um templo.

Para falar com os deuses, Mamãe usava seus blocos lunares. Eram dois blocos de madeira, ambos planos de um lado e curvos do outro. Ela fazia uma pergunta e adivinhava a resposta jogando as meias-luas de madeira no chão e depois analisando as várias posições que assumiam ao parar. As três respostas possíveis eram: sim, não e nenhum comentário. Ela derramava suas queixas para os deuses, sussurrava uma potencial solução para os blocos lunares e, então, os lançava para obter a resposta. Chorava e se lamentava ao deus em seu altar, mas depois virava para mim com um sorriso no rosto.

Muitas vezes, minha mãe se comportava com os deuses da mesma forma que uma criança mimada trata seus devotados pais. Quando obtinha um retorno negativo dos blocos lunares, ela os jogava repetidamente até receber a resposta desejada. Uma vez satisfeita, sorria inocentemente para o deus, que naquele exato momento estaria cruzando os céus montado em um imponente cúmulo-nimbo, e dizia: "Obrigada!"

Eu não entendia o que levava Mamãe a buscar consolo naqueles templos. Mas me lembro do cheiro forte de ágar subindo lentamente e do barulho dos blocos lunares no assoalho.

Ela decidiu que eu seria adotado por um deus. Eu tinha cerca de três ou quatro anos quando meu padrinho divino me foi apresentado. Na época de sua gravidez, a situação em casa estava difícil e, talvez por causa disso, nasci uma criança doente. Segundo me contaram, minha mãe foi ao santuário Guan Yu, na cidade velha, e jogou seus blocos lunares até obter a resposta que desejava. Após receber a bênção de Guan Yu, íamos ao santuário todos os anos, levando joelho de porco como oferenda. O atendente do templo me dava incenso e papel vegetal para queimar, garantindo a bênção para mais um ano.

Eu não entendia exatamente a função desse padrinho divino em minha vida ou de que modo ele poderia me oferecer proteção, mas comecei a me sentir em casa naqueles templos, como se visitasse parentes. Os frequentadores do santuário Guan Yu sorteavam as tiras de poesia de loteria para saber o futuro. Elas continham fábulas escritas no estilo da poesia clássica, e eu costumava levá-las para casa e lê-las antes de dormir. Era quase como se meu padrinho me contasse uma história de ninar.

De acordo com o costume local, meu padrinho divino só manteve o posto até eu completar dezesseis anos. Depois disso, tornei-me adulto e não estava mais sob sua proteção paternal. Mas não consegui abandonar o hábito de visitá-lo pelo menos uma vez por ano para rezar e fazer oferendas. Sempre que a vida me deprimia, eu ia até Guan Yu e passava uma tarde conversando com ele por meio dos blocos lunares.

Quando meu pai teve o AVC que o deixou parcialmente paralisado, a primeira reação de Mamãe foi marchar furiosamente até o templo e exigir respostas dos deuses.

Na verdade, nem chegou a haver muito diálogo, pois ela respondeu às próprias perguntas e depois usou os blocos lunares para confirmá-las. Minha mãe arranjava as próprias soluções para seus problemas, então, ainda que interviessem, os deuses estariam apenas ajudando-a a escolher entre as próprias sugestões.

A resposta confirmada pelos deuses após o AVC de Papai foi que esse era o destino dele, e o dela era ficar ao seu lado e auxiliá-lo.

Eu sabia que era a resposta desejada. No fundo, Mamãe ainda era a garota teimosa e destemida que se lançou no mar revolto.

Embora o prognóstico médico indicasse que as chances de meu pai recuperar os movimentos do lado esquerdo do corpo eram quase nulas, minha mãe se recusou a desistir. Juntos, eles elaboraram um cronograma de três anos para cuidar da saúde dele. Mas, infelizmente, a avaliação médica estava correta, e a condição de Papai piorou até que mal conseguisse sair da cama.

Nos anos após o AVC de meu pai, Mamãe me arrastava para visitas anuais aos templos, onde jogava seus blocos lunares e persistia até obter uma profecia de cada deus sobre as chances de recuperação de Papai. Um ano depois, ela voltava para questionar por que eles não haviam cumprido suas promessas.

O lado esquerdo do meu pai atrofiou lentamente, mas o resto do corpo pareceu inchar. Quatro anos após o AVC, ele estava tão rechonchudo que, quando caía, minha mãe não conseguia mais ajudá-lo a se levantar.

Mamãe corria até os templos, desesperada por entender o motivo de Papai não estar se recuperando. As visitas eram frequentes, embora ainda fizéssemos nossa peregrinação habitual de fim de ano.

Certo ano, no dia fatídico, ela não jogou seus blocos lunares como de costume e, em vez disso, acendeu incenso e me chamou para ajoelhar diante do altar antes de iniciar uma oração murmurada.

A princípio, não consegui ouvir o que minha mãe dizia, mas finalmente juntei fragmentos suficientes e percebi com súbito horror qual era seu pedido: "Por favor, leve meu marido antes de mim. Por favor, não deixe que ele seja um fardo para as crianças. Sei que cabe ao destino, mas, por favor, me empreste mais alguns anos, pelo menos para que eu possa viver mais do que meu marido. Posso morrer após me despedir dele."

Eu me virei para ela e exigi saber no que raios estava pensando. Mamãe me deu um tapa e ficou quieta por um longo tempo. Quando quebrou o silêncio, confessou: "Estou fazendo isso por você."

Ajoelhei-me no altar e fiz meu próprio pedido infantil: "Por favor, permita que eu, meu pai e minha mãe partamos juntos."

Ao ouvir minha prece, ela se aproximou e me bateu de novo, depois gritou para os deuses: "Ele é muito jovem para saber o que está dizendo! Escutem a mim!"

Naquele dia, ao voltarmos do templo, Mamãe virou-se para mim com um ar solene e começou a explicar como via o futuro: "Você só precisa se preocupar com a escola. Entre em uma boa universidade, ganhe seu próprio dinheiro, case-se, viva sua própria vida. Seu pai é minha responsabilidade. Vou viver tanto quanto ele. E cuidarei de tudo."

"Mas você não consegue nem levantá-lo quando ele cai", argumentei.

"Ficarei bem."

"Mas como você vai arcar com todas as despesas dele? Você não está ficando mais jovem. As coisas não vão melhorar."

"Ficarei bem."

"Mas que tal cuidar um pouco mais de si mesma? O que acontecerá se não estiver bem o suficiente para cuidar dele?"

Minha mãe revirou os olhos para mim. "Ficarei bem", repetiu impacientemente.

"Mas vocês são meus pais!"

Ela parou. "Escute bem", disse com firmeza. "É o destino. Sou eu quem deve ficar ao lado dele. Isso é entre mim e ele. Não tem a ver com você." Então, fez uma pausa e acrescentou: "Foi o que os deuses me disseram."

Eu sabia que não devia contar a Papai sobre a macabra oração de Mamãe.

Diante da tênue esperança de recuperação, ele mesmo recorreu aos deuses, resmungando para as divindades e os ancestrais em nosso altar doméstico: "Se vocês não permitirão que eu melhore, então me deixem morrer." Isso sempre fazia minha mãe perder a paciência.

"Não fale assim!", pedia ela. "Está nas mãos do destino. Não reclame com os deuses. Você partirá quando chegar a hora. Não fique aí resmungando!"

Embora ficasse confinado à cama com frequência, meu pai parecia mais saudável do que eu o vira em anos. Suas bochechas até ganharam um tom rosado. "É como o meu bebezão", dizia Mamãe, com orgulho, para quem quisesse ouvir. "Mesmo sem se locomover, ele pode acabar vivendo até os oitenta anos."

Mesmo que continuasse cético, acabei concordando com o argumento de minha mãe. A dificuldade de cuidar de Papai aumentava à medida que seu corpo ficava mais pesado e seu lado esquerdo atrofiava, mas eu sabia que ela continuaria a zelar por ele. Lutaria até o fim. No fundo do coração, Mamãe acreditava que seu destino era cuidar do marido.

Em um dia de inverno, meu pai deixou este mundo. E, atendendo às preces de minha mãe, partiu antes dela.

Ainda assim, Mamãe não conseguia aceitar. Embora o lado esquerdo tivesse perdido a sensibilidade, ela vira o lado direito ficando mais forte. Como Papai tinha que se apoiar com o lado saudável, sua mão e pé direitos eram surpreendentemente musculosos. "Não entendo como uma queda foi capaz de levá-lo", ponderou. "Eu o vi cair mil vezes. Ele nem tinha hematomas. Como isso pode acontecer assim?"

Larguei o que estava fazendo em Beijing e corri para casa. Quando cheguei, minha mãe ainda procurava alguma explicação. Encontrei-a prestes a sair. Queria peregrinar pelos templos e exigir uma explicação dos deuses. Apressei-me e bloqueei seu caminho. Ela desabou em meus braços, aos prantos. "Talvez eles não tenham me entendido", protestou. "Cuidar de seu pai nunca foi um fardo. Quando fiz aquela oração, meu desejo era que ele não fosse um peso para você. Eu teria cuidado dele até os cem anos!"

"Não foi um engano", ponderei. "Talvez fosse o destino dele partir. Papai teve uma vida difícil, mas deve ter finalmente expiado todos os seus pecados."

Mamãe me encarou, perplexa. Refletiu por um momento e concluiu: "Bem, acho que tem razão. Ele sofreu por tantos anos, mas agora está em um lugar melhor. Deixe-o aproveitar."

No dia seguinte ao funeral de meu pai, minha mãe começou a vê-lo em seus sonhos. "Seu pai deve estar com problemas", inferiu.

"Não é isso", argumentei. "Ele só está com saudades. E queria ver como você está."

"Não, tenho que ajudá-lo."

"Como pode ajudá-lo? Você nem sabe qual é o problema."

"Vou descobrir", respondeu, séria.

Se quiser saber o que está acontecendo no além, você precisa encontrar um xamã.

Depois pode pedir a ele que ceda o próprio corpo para que o espírito do falecido se comunique. Isso é chamado de invocação do espírito.

De onde venho, ser xamã não é uma atividade especialmente incomum. Intitular-se xamã não é muito diferente de dizer que é médico ou pescador. Quando alguém menciona o assunto, ninguém demonstra o menor sinal de ceticismo. Perguntar sobre um xamã é o mesmo que pedir a recomendação de um pedreiro, incluindo a mesma discussão acerca de referências e habilidades.

Minha mãe saiu em busca de um xamã e voltou com várias opções. Ela ouvira falar de um, no lado oeste da cidade, que tinha habilidades especiais em contatar pessoas que já haviam morrido há muitos anos. No lado norte, havia uma feiticeira de aldeia que, sem qualquer informação dos parentes, era capaz de se comunicar imediatamente com o falecido e fazê-lo se apresentar e relembrar histórias do passado, mas a mensagem era transmitida na forma de ópera. E havia outro, no lado leste, que exigia que os familiares requisitassem diretamente a presença do falecido e fornecessem alguns detalhes, mas o xamã pressionava o espírito para lembrar algumas histórias como prova de identidade, e os espíritos falavam em suas próprias vozes, não em árias.

Após pesar todos os prós e contras, Mamãe escolheu o xamã do norte.

O xamanismo pode até ser uma profissão regular em nossa cidade, mas ainda é preciso ter cuidado ao escolher um.

O trabalho do xamã é perscrutar a fenda entre os mundos e localizar a alma do falecido, portanto, há um risco considerável envolvido. Ofender um ser sobrenatural ou se envolver com espíritos pode trazer muitos problemas.

Minha mãe hesitou quando pedi para acompanhá-la na visita ao xamã. Ela ouvira falar que era mais fácil contatar um espírito se mais membros da família estivessem presentes, mas também havia uma superstição de que os seres sobrenaturais, habitantes do submundo, eram facilmente atraídos pela intensa força vital de pessoas mais jovens, então minha presença no momento do contato podia ser arriscada, e Mamãe não queria que eu me envolvesse.

Quando ela revelou por que estava hesitante, minha curiosidade só aumentou. "Por que você não ora a seus amigos no templo pedindo ajuda?", sugeri. "Talvez você consiga alguns amuletos de papel ou algo parecido para mim."

Minha mãe achou uma ótima ideia. Passou a tarde visitando os templos e voltou com uma dúzia de amuletos de proteção e um saco de cinzas de incenso.

Contou que muitos dos deuses não concordaram com sua busca espiritual de contatar meu pai. Segundo ela, o argumento era que a vida e a morte são decididas pelo destino. Todos temos dívidas cármicas a pagar nesta vida, e isso também está nas mãos do destino. Se fracassarmos, passamos para a vida após a morte e continuamos trabalhando para zerá-las. Até que esse dia chegue, não há muito o que os deuses possam fazer para intervir. "Mas então perguntei a eles: qual o sentido de fazer boas ações se podemos deixar nossas dívidas cármicas para a vida após a morte? Fazemos o bem para expiar nossos pecados nesta vida, certo? Seu pai está a caminho da próxima vida, mas não há razão para que ele não tente saldar essas dívidas antes de chegar lá." Eu a conhecia muito bem. Ela se recusava a aceitar um "não" como resposta, até mesmo dos deuses.

"Os deuses concordaram em abençoar nossos esforços", anunciou, satisfeita.

Mamãe ofereceu um incenso e murmurou o nome da cidade e do bairro em que morava e a quem estava procurando.

Ofertei outro incenso e falei a data da morte de Papai e quantos anos ele tinha.

Fizemos a reverência três vezes.

Depois de terminarmos os preâmbulos, o assistente do xamã nos convidou a aguardar no pátio.

O xamã morava em uma casa tradicional com duas fileiras de prédios de tijolos separadas por um pátio. Parecia que sua família já havia sido rica e poderosa. Quanto ao motivo de seu descendente ter se tornado um xamã ou de todos terem se mudado, eu não tinha como saber.

Encontramos o xamã acomodado na sala principal do interior da casa. Havia um grande altar, mas era impossível dizer quais deuses ou ídolos estavam sendo adorados, já que o xamã, ao contrário da maioria dos hokkien, pendurou um pano amarelo em frente ao santuário.

Quem chega para fazer um pedido a um xamã precisa primeiro ofertar incenso aos deuses de seu santuário, dizer-lhes qual é o propósito da visita e depois prostrar-se em reverência três vezes. Após a conclusão desse processo, o visitante é conduzido ao segundo pátio. Ao chegarmos lá, a porta se fechou atrás de nós. Parecia feita de madeira de boa qualidade; era pesada e tinha veios verdadeiros. Era como se estivéssemos adentrando um outro mundo.

Compartilhamos o pátio com muitas outras pessoas que foram solicitar a ajuda do xamã. Algumas andavam de um lado para o outro, ansiosas, tentando ouvir o que estava acontecendo dentro da casa, mas a maioria parecia exausta demais para se mexer.

De vez em quando, o som do canto do xamã ecoava de dentro da casa. "Eu sou de tal e tal distrito", entoava, "tal e tal vila...". Em seguida, na voz do espírito falecido, ele anunciava a hora da morte e começava a listar os parentes que poderiam estar à espera.

Quando o xamã encontrava uma correspondência, os parentes no pátio começavam a chorar, dizendo: "Sim, seu irmão está aqui" ou "Sim, sua esposa está aqui para vê-lo!".

O som de cânticos se misturava aos soluços e lamentos. Quando chegamos, o assistente do xamã explicou: "Não há garantia de que ele será capaz de contatar o espírito do seu ente querido. Muitos espíritos fazem contato. Se ouvir seu ente querido por meio do xamã, pode responder. Mas, se não houver contato, terá que marcar outra consulta."

Assim que tive a oportunidade de sentar por um momento e observar o espetáculo, comecei a suspeitar. Esse xamã provavelmente manda alguém pesquisar os obituários e coletar informações, pensei comigo mesmo. Após a chegada dos parentes, ele poderia apenas anunciar detalhes aleatoriamente na voz do espírito falecido.

Eu estava prestes a compartilhar minhas suspeitas com Mamãe quando ouvimos novamente o cântico: "Espero que meus parentes de Xizhai estejam à minha espera. Estou a caminho, apoiado na minha bengala."

Assim que ouviu "bengala", minha mãe soltou um suspiro e me arrastou para dentro da casa.

As janelas do cômodo estavam totalmente vedadas, a única luz vinha de uma lâmpada fraca. O cheiro de ágar preenchia o ambiente. O xamã mancou em nossa direção. Eu ainda tinha minhas dúvidas, mas não podia negar que suas costas curvadas e seu andar cambaleante se pareciam muito com os de meu pai.

"Meu filho", disse o xamã, "sinto muito. Estou preocupado com você". Não consegui conter a onda de emoção que me inundou e caí no choro.

O xamã começou a cantar, deixando Papai falar através dele. Disse que não queria partir, que sabia que tinha sido um fardo nos anos após o AVC, que estava grato pelos cuidados de minha mãe e preocupado com meu futuro. Depois desses lamentos, meu pai — falando por meio do xamã — começou a fazer suas previsões: "Meu filho nasceu sob a estrela de um estudioso e trará fama ao nome de sua família. Minha esposa teve uma vida de sofrimento, mas as coisas vão mudar para melhor na sua velhice…"

Lágrimas escorreram pelo rosto de Mamãe. Cada palavra dos cânticos e lamentos ficou gravada em seu coração, mas ela mal ouviu as profecias para seu futuro.

"Você estava indo tão bem", interrompeu minha mãe. "Como pôde partir assim? Por que continua aparecendo em meus sonhos? Do que precisa? Diga-me o que é e como posso ajudá-lo."

A interrupção pareceu perturbar o xamã. Ele parou de cantar, ficou em silêncio por um longo tempo e então todo o seu corpo começou a tremer. O assistente do xamã a repreendeu: "A conexão dele com o espírito é muito fraca. Se for interrompida de repente, o xamã pode se machucar."

O xamã pareceu recuperar a compostura e começou a entoar novamente, ainda manifestando-se como o espírito de Papai: "Eu deveria ter vivido por muitos anos, mas fui atingido pela má sorte. No dia em que deixei seu mundo, mal acabara de fazer a passagem quando cinco fantasmas se aproximaram. Um vermelho, um amarelo, um azul, depois um verde e um roxo... Eles viram que meu controle sobre a vida era fraco. Viram minha deficiência e começaram a zombar de mim. Perdi a cabeça. Eu não estava pronto para partir, mas eles me arrastaram para fora do meu corpo, me punindo por ficar com raiva deles..."

Mamãe recomeçou a chorar e soluçar. Ela estava prestes a interromper o xamã de novo, mas o assistente a impediu.

"Esse não era para ser meu destino", continuou o xamã. "Eu vaguei por um tempo depois que deixei meu corpo. Os deuses sabiam que eu era de um lar devoto, então me trouxeram para junto deles e me disseram que devo lidar com minhas pendências, que devo expiar meus pecados, mas por enquanto ando sem rumo, sem saber aonde estou indo..."

"Vou fazer o que for preciso", interrompeu minha mãe, incapaz de se conter.

"Ajude-me a encontrar meu destino, ajude-me a encontrar uma forma de expiar."

"Diga como."

Mamãe queria continuar perguntando, mas o xamã começou a tremer de novo, e o assistente anunciou: "Ele já foi embora."

Concluídos os trabalhos, fomos levados para fazer a doação final de duzentos yuans. No caminho para casa, minha mãe continuava a chorar, mas para mim o feitiço havia sido quebrado e eu queria explicar o truque para ela.

"Percebi imediatamente que era falso", comecei.

"Sei que era seu pai. Pare."

"O xamã deve ter procurado informações sobre pessoas falecidas da região."

Mamãe fez um gesto para que me calasse. Não queria ouvir nada do que eu tinha a dizer.

"Sei que seu pai deve ter sofrido algum tipo de acidente", afirmou. "Temos que ajudá-lo!"

"Também quero ajudá-lo, mas não acredito em nada disso."

"Mas eu acredito." Sua expressão deixou claro que ela desejava encerrar a conversa.

Eu sabia que minha mãe precisava acreditar que estava ajudando Papai.

Era muito proveitoso ter amigos celestiais, e ela parou em cada templo para pedir intervenção divina. Queria descobrir como trazer meu pai de volta a este mundo, mesmo que apenas temporariamente. "Só nos resta pedir o auxílio dos deuses", explicou, "mas cada um está encarregado de uma coisa diferente, assim como em nosso mundo o Departamento de Registro Doméstico é o responsável pelo registro das famílias... Então, para rastrear um espírito, você precisa ir ao deus certo, que é o deus do local de origem do espírito".

Por mais estranho que fosse ver Mamãe percorrendo os templos em busca de uma solução para os problemas espirituais de meu pai, eu entendia seus motivos. Porém, no fundo, não podia evitar a conclusão de que ela simplesmente não conseguia enfrentar a própria dor. Sua fragilidade era visível.

Ela se dedicava de corpo e alma à busca, e eu estava completamente perdido, sem saber o que fazer. Quando voltei para a casa dos meus pais, não conseguia me livrar da sensação de ausência. Era tênue, como um suave aroma no ar, mas com o passar do tempo pareceu se intensificar, impregnando em mim. Algo queimava internamente, quase como uma indigestão. Concluí que devia ser o que outras pessoas chamavam de luto.

Minha mãe acatou as instruções do deus local e me informou que, em uma data específica, poderíamos ir ao templo para nos comunicar com Papai. "O deus local o encontrou", disse ela, "e ele está vindo para cá agora".

Até então eu havia seguido todos os passos de seu plano, mas de repente me cansei de toda aquela farsa. "Você só quer encontrar uma forma de se sentir melhor", disparei.

Ela fingiu não me ouvir e continuou: "Então, quando chegarmos lá, você tem que ficar na porta do templo, chamar por seu pai e, depois, pedir que ele volte para casa com você."

"Você só está tentando se consolar."

"Preciso que me ajude com isso. O deus local me disse que não posso chamá-lo diretamente. Você é filho, tem o sangue dele."

No dia seguinte, quando deveríamos ir ao templo, não consegui conter meu aborrecimento. Ao notar, Mamãe me perseguiu e gritou: "Você tem que chamá-lo de volta!"

Nem respondi.

Não esperava que ela corresse atrás de mim. Seus olhos estavam secos, mas havia círculos vermelhos ao redor deles. Ela não estava triste; estava furiosa.

Nunca perdi a sensação de familiaridade com templos e deuses, então quando cheguei à porta do templo do deus local, mesmo sendo a morada de um poder sobrenatural, parecia mais uma visita a um patriarca da família. O povo hokkien tem um deus local para cada distrito e vila; de acordo com a tradição, esse deus guia todos na comunidade ao longo da vida, interpelando a seu favor perante deuses e demônios, negociando bênçãos celestiais e tentando evitar potenciais desastres. O deus local era responsável por tudo isso e muito mais. Todos os anos, os moradores conduziam procissões ao seu templo, batendo tambores e gongos, carregando sua estátua em uma liteira pelas ruas e vielas, esfumaçadas por papel de incenso e ervas medicinais, levando-o para uma ruidosa inspeção de cada centímetro de seus domínios.

Atendendo ao pedido de minha mãe, comecei oferecendo um pouco de incenso no altar para comunicar minha chegada ao deus da cidade. Voltei para a porta e permaneci ali parado.

Mamãe fez sinal para que eu prosseguisse.

Abri minha boca, mas não saiu nada. Então, ela me deu uma cutucada ansiosa.

Tentei de novo e consegui gritar: "Pai! Estou aqui para buscá-lo, venha para casa comigo."

Meus gritos foram engolidos pelo silêncio. Eu não esperava uma resposta.

Minha mãe me disse para continuar gritando, enquanto ela entrava no templo para usar seus blocos lunares a fim de perguntar ao deus local se meu pai havia chegado.

Sem entusiasmo, obedeci, ouvindo o tilintar dos blocos vindos do interior do templo.

Gritei até não aguentar mais. Gritei até engasgar com minhas palavras. E por fim murmurei: "Se você realmente consegue me ouvir, por favor, volte para casa. Sinto saudades."

"Seu pai está aqui!", gritou Mamãe. Comecei a chorar.

Nos dias que se seguiram ao "retorno" de Papai, como minha mãe chamava, havia uma atmosfera alegre em casa.

Ela cozinhava algo novo todos os dias e colocava tudo no altar. Saiu à procura de um artesão que criava oferendas fúnebres e pediu que fizesse um telefone celular de papel e uma motocicleta de papelão. Os dois itens que meu pai lhe pedira após o AVC.

Poucos dias depois, Mamãe voltou a visitar seus amigos celestiais para descobrir como ajudar meu pai a expiar seus pecados. A sugestão era que ele agisse como uma espécie de voluntário para uma divindade local, seguindo a linha norte-americana de enviar pequenos infratores para prestar serviço comunitário. "Esses deuses são bem modernos, não são?", brinquei.

Ela aquiesceu e disse em tom solene: "Eles têm que acompanhar os tempos também."

Alguns dias depois, minha mãe encontrou o lugar perfeito para Papai prestar seu serviço comunitário divino: o Templo Zhenhai em Baisha.

Baisha, que significa areia branca, era uma pequena comunidade nos arredores de minha cidade natal que se tornou um destino turístico. O rio que cortava a região fazia uma curva acentuada ao redor da aldeia, pouco antes de desaguar no oceano. A curva do rio havia criado uma mancha triangular de terra margeada por areia branca. Sempre que saíamos em excursões da escola, íamos para Baisha.

O Templo Zhenhai ficava em uma das pontas do triângulo, perto da foz do rio. Em uma viagem a Baisha, quando era mais jovem, notei que os pescadores locais passavam e faziam uma reverência diante do templo, antes de rumar para o mar aberto.

Quando trabalhava nos navios, meu pai costumava visitar o Templo Zhenhai algumas vezes por semana para pedir proteção em suas viagens ao mar. "Ele veio aqui milhares de vezes", disse Mamãe em nossa primeira visita, "então os deuses daqui o conhecem bem. Vão aceitá-lo".

Organizar a passagem dele pelo templo foi um procedimento simples. Minha mãe queimou incenso em frente ao altar de nossa casa e comunicou aos deuses: "O Templo Zhenhai concordou em aceitar meu marido como um auxiliar. Quero que vocês me ajudem a mandá-lo para lá." Em seguida, pegamos as oferendas e partimos para o Templo Zhenhai.

Viajamos em minha motocicleta. A distância de nossa cidade até Baisha era de aproximadamente 25km. Fizemos o trajeto ao longo da praia e, quando o vento aumentou, fomos assolados pela areia. Dirigi com cuidado e sem pressa, o que proporcionou à minha mãe tempo para rememorações. Ela apontou para uma praia e comentou: "Seu pai e eu viemos aqui para contemplar o mar." Ao passarmos por um pequeno restaurante, acrescentou: "Quando estava planejando ir para Ningbo, seu pai me levou para almoçar ali."

Quando entrei no Templo Zhenhai, fui atingido pelo cheiro familiar, um aroma que conhecia desde a infância. Tudo estava exatamente como antes. Um templo é um tipo de lugar especial, pensei, pois, sempre que você volta, tudo continua igual. A sensação de um templo nunca muda. Não sei bem o que cria essa atmosfera solene e calorosa. Talvez venha das orações murmuradas na frente do altar, as vozes se misturando e flutuando pelo ar.

O sacerdote parecia ter sido informado da situação de Papai. Assim que avistou Mamãe, anunciou em um tom cordial: "Seu marido chegou. Acabei de ser avisado pelos deuses." Ele serviu chá e entregou as xícaras para nós. "Não se preocupe", disse. "Cuidarão dele. Eles o conhecem desde menino."

O chá estava delicioso, e o sol inundava o chão de pedra do templo com um brilho esbranquiçado que lembrava cristas de ondas.

"O que ele precisa fazer?", perguntou minha mãe.

"Bem", disse o sacerdote, "seu marido acabou de chegar. Mas os deuses sabem que ele é muito ativo, então suponho que lhe pedirão que faça tarefas e entregue mensagens".

"Mas ele não consegue se locomover muito bem. Estava meio paralisado antes de falecer, isso pode dificultar as coisas."

"Isso não importa. Eles já curaram a perna dele. Ainda que tenha pendências a resolver, era um bom homem. Os deuses do templo estão felizes em ajudá-lo."

"Que bom, então", disse Mamãe, com os olhos semicerrados em um sorriso.

Em seguida, o sacerdote e minha mãe compartilharam histórias sobre as visitas de meu pai ao templo.

Ficamos sentados durante a tarde inteira. Ela sabia que precisava voltar para casa a fim de preparar o jantar, mas hesitou. Antes de ir embora, teve que perguntar: "Eu não quero causar nenhum problema, mas só queria saber como meu marido está. Está se saindo bem? Está ocupado?"

O sacerdote riu e foi até o altar. "Ele foi um pouco desajeitado no início", contou, "e teve algumas dificuldades, mas os deuses são compreensivos".

Imediatamente, Mamãe correu até o altar, curvou-se em reverência e clamou: "Peça que sejam lenientes com ele! Por favor! Meu marido sempre foi desajeitado." Ela baixou a voz e sussurrou para meu pai: "Ora, vamos, seja mais cuidadoso! Não cause problemas."

Mesmo depois que Papai começou seu serviço comunitário divino, minha mãe ainda não conseguia encontrar paz. No dia seguinte à nossa primeira visita, ela queria que eu a levasse de volta ao templo. Não poderia vê-lo trabalhando, mas, ainda assim, desejava saber como ele estava.

Quando chegamos, o sacerdote nos serviu o chá. O sol estava tão lindo quanto no dia anterior. Eles conversaram novamente sobre meu pai e o templo. Antes de irmos embora, Mamãe mais uma vez não conseguiu evitar e perguntou sobre o marido. O sacerdote foi até o altar para descobrir e voltou com a resposta: "Ele está progredindo."

"Sério?", disse ela. "Ótimo. Estou orgulhosa de você. Vou fazer o seu pato marinado favorito e trazê-lo amanhã." E então dirigimos quarenta minutos de volta para casa.

No dia seguinte, após o almoço, minha mãe quis voltar para entregar o pato. Suas viagens ao Templo Zhenhai continuaram e, com o passar dos dias, o desempenho de Papai evoluiu de "nada mau" para "fazendo progressos" e, em seguida, para "os deuses estão muito satisfeitos". Sempre que visitava o templo, ela voltava toda sorridente.

Mamãe havia conversado com os deuses sobre a duração do serviço comunitário de meu pai, e a resposta recebida por meio de seus blocos lunares foi que ele deveria passar pelo menos um mês no Templo Zhenhai. Então, se necessário — caso seus pecados ainda não tivessem sido expurgados —, deveria ser transferido para outro templo. Mas isso exigiria que outro deus e outro templo o aceitassem.

Naquele dia, enquanto nos preparávamos para sair logo após o almoço, vi minha mãe andando apreensivamente de um lado para o outro. Durante todo o caminho, ficou me perguntando: "Você acha que seu pai fez um bom trabalho? Tenho certeza de que ele cometeu sua cota de erros, mas os deuses compreenderão, não é mesmo? Acha que ele se divertiu?"

Ela não me dava tempo para responder uma pergunta antes de fazer a próxima.

Entramos no templo e aceitamos as xícaras de chá.

No entanto, Mamãe não estava disposta a bater papo e tomar chá. "Meu marido completou sua tarefa?", disparou.

O sacerdote respondeu: "Não pergunte a mim. Descanse um pouco, espere até o sol se pôr, então você mesma pode perguntar aos deuses."

Minha mãe não conseguiria passar mais uma tarde conversando e bebericando chá. Moveu sua cadeira para o interior do templo e sentou-se, à espera do anoitecer, aguardando que a luz do sol deslizasse pelo chão como a maré vazante, ansiosa para saber a avaliação dos deuses sobre Papai.

Talvez toda a ansiedade a tivesse exaurido, porque, depois de um tempo, ela adormeceu na cadeira.

O sol se escondeu atrás do templo. Parecia uma tangerina madura mergulhando lentamente no oceano.

Acordei Mamãe gentilmente: "É hora de fazer sua pergunta."

Ela despertou assustada e pude ver um sorriso em seu rosto. "Não precisa mais", anunciou.

Segundo minha mãe, Papai a visitara. Sua aparência era de quando tinha vinte e poucos anos. A pele era clara e macia. O corpo parecia forte, ainda não abatido pela idade e pela doença. Os cabelos estavam curtos. Ele se movia graciosamente. Acenou para ela e então pareceu se afastar, para além deste mundo. Ela viu sua silhueta gradualmente se apagar até desaparecer.

"Ele se foi", anunciou Mamãe. "Finalmente está em paz. Foi embora."

Lágrimas escorreram pelo seu rosto.

Eu sabia que ela estava finalmente se livrando do fardo. Não eram apenas as lágrimas que deixavam seu corpo.

Quando estávamos indo embora, minha mãe voltou-se para o templo e sorriu para os deuses lá dentro.

Com as mãos em prece, fiz uma reverência e murmurei: "Obrigado. É bom saber que ela tem amigos celestiais."

Daquele ponto em diante, nunca mais duvidei.

6
Bella Zhang

Bella Zhang era linda. Afinal, assim sugeria seu nome, mas só confirmei o fato muito mais tarde.

Antes mesmo de vê-la, eu conhecia a lenda de Bella Zhang.

O trajeto de ida e volta para minha escola primária passava por um caminho de pedra que contornava uma casa de tijolos ligeiramente decrépita. Ao anoitecer, quando o caminho de ladrilhos se iluminava com a rubra luz do pôr do sol, era especialmente bonito.

Naquela hora, também costumávamos ouvir o choro de uma mulher vindo da casa de tijolos. Não era bem um soluçar, era mais um lamento triste que ecoava no crepúsculo. Foi assim que começou a lenda de que a casa era mal-assombrada. O nome do fantasma era Bella Zhang.

Quando eu era jovem, não tinha capacidade de compreender o que estava acontecendo. Suponho que seja por isso que precisava de todos aqueles contos lendários de guerreiros cavalheirescos, fantasmas sedutores e romance.

Na minha escola, a lenda de Zhang se espalhou como um incêndio: ela continha todos os três elementos.

Era uma vez, segundo ouvi, uma doce e linda garota chamada Bella Zhang que se apaixonou por um homem que trabalhava em um cargueiro. Ele estava de passagem pela cidade para se abastecer de suprimentos. Era alto e bem-apessoado, o que condizia com seu papel na lenda de cavaleiro em uma armadura brilhante. A ideia de uma garota perder a virgindade antes do casamento era inimaginável em nossa pequena cidade, mas Zhang se encontrou em segredo com o marinheiro e se entregou a ele. O casal fez planos de fugir, mas seu segredo foi descoberto e ela foi arrastada de volta para casa — e se matou.

A lenda de Zhang era um conto de advertência. Era uma época de grandes mudanças em cidades costeiras como a nossa. As ruas começavam a se iluminar com luz neon, e forasteiros inundavam a cidade como a maré, lotando os bares recém-inaugurados e vendendo mercadorias de origem duvidosa.

Essas grandes mudanças em nossa pacata cidade costeira perturbavam a psique dos habitantes locais. Por um lado, eles gostavam de ouvir as fofocas contadas por aqueles corajosos o suficiente para entrar no salão de baile, saboreando cada detalhe, boquiabertos com as descrições do papel de parede dourado, escandalizados com a menção de saias curtas expondo coxas carnudas, mas, por outro lado, eles eram rápidos em oferecer suas avaliações hipócritas acerca dos excessos e da devassidão.

No entanto, o que ninguém percebia era que, com a chegada da riqueza e o constante fluxo do dinheiro na cidade, tornou-se impossível para as pessoas conterem seus desejos secretos. Sem a preocupação da fome e da pobreza, todos poderiam relaxar um pouco. A pobreza agia como uma válvula de contenção, impedindo que desejos íntimos extravasassem, mas, com um pouco de dinheiro, anseios e aspirações podiam fluir livremente. Pela primeira vez, todos eram forçados a confrontar seus desejos mais secretos.

Era uma época de inquietação, remexendo coisas no coração das pessoas — de jovens e velhos, homens e mulheres... Os mais velhos se reuniam e suspiravam profundamente, lamentando: "Antes éramos pobres, mas pelo menos não havia muito com que nos preocupar." Todos assentiam. Porém, havia uma nova cautela na maneira como estudavam os rostos uns dos outros.

Felizmente, tínhamos a lenda de Zhang, que representava a consequência para aqueles que caíssem na maledicência. Ficamos longe do poço dos desejos, mas para ela era tarde demais. A lição foi incutida em nossas mentes, repetida à exaustão. Os detalhes de sua história poderiam ser usados para explicar uma série de regras tácitas, tais como: não fale com estranhos e nunca se encontre em segredo com um colega do sexo oposto. A lista de comportamentos proibidos parecia interminável, estendendo-se até uma coibição total de entrar em salões de beleza do tipo em que uma mulher pode fazer mechas no cabelo. A questão era sempre enfatizada da seguinte forma: "Você quer acabar como Bella Zhang, com sua reputação assombrando-a pela cidade para sempre?"

Ninguém esperava que as tentativas de demonizar Zhang a transformassem em uma santa.

A lenda só cresceu. Havia relatos angustiantes de seus poderes sobrenaturais de sedução, descrições de como ela foi pega em flagrante com o homem do cargueiro, histórias sobre como ele era, na verdade, descendente de um grande general do Exército de Libertação do Povo e assim por diante… Eu tinha uma imagem dela em minha mente, mas os detalhes ainda não estavam claros. Por fim, a descrição que se consolidou foi a de um colega: "Sabe aquela garota encostada na motocicleta naquele calendário de mulher pelada? Bella Zhang é como ela."

Naquela época, meus colegas do sexo masculino e eu começamos a ter desejos inexplicáveis. E só mais tarde é que palavras como "tesão" ou "apetite sexual" foram associadas a esses desejos. Iniciamos um tráfico clandestino de fotos pornográficas. Os pensamentos em Zhang - – a lendária mulher profana e sósia da garota do calendário —, especialmente quando surgiam tarde da noite, de repente se tornavam menos filosóficos e mais biológicos.

Se nossa cidade precisasse eleger uma deusa do sexo — uma Vênus própria —, teria que ser ela. Para um menino como eu, obcecado por O *Sonho da Câmara Vermelha*, Zhang era tão sedutora e efêmera quanto as fadas que Jia Baoyu viu em seu sonho.

Era uma época de turbulência. Se os pais vissem uma mulher na rua que parecia ser de fora da cidade — usando roupas sofisticadas, cabelos tingidos —, logo cobriam os olhos dos filhos como se os protegessem de uma visão abominável. Mas, alguns anos depois, as mulheres locais começaram a adotar a mesma moda. Do contrário, como poderiam competir com as forasteiras que pretendiam roubar seus maridos?

A visão de homens gritando em celulares tornou-se comum. Havia mais mulheres na cidade também, desfilando nas últimas tendências da moda, com os rostos cobertos de maquiagem pesada.

A lenda de Zhang foi deixada de lado. Ofuscada pelo brilho do neon, sua lenda foi substituída pelas histórias das "princesas" que povoavam as ruas de nossa cidade. Não se ouvia mais choro na velha casa de tijolos.

Não fui exceção. Zhang já fora tão vívida em minha imaginação que eu sentia como se conhecesse seu rosto. Mas agora ele parecia prestes a desaparecer por completo.

No entanto, minha curiosidade não desvaneceu. Decidi recrutar Piggie, que morava no fim da rua, para fazer uma tocaia comigo. Reunimos lanternas, estilingues, vários amuletos taoístas de papel e uma espada de madeira de pessegueiro que Piggie emprestou do avô (ele era um padre taoísta especializado em lidar com almas falecidas que precisavam ser enviadas de volta para a vida após a morte). Quando estávamos na metade do caminho para a velha casa de tijolos, Piggie me perguntou por que íamos investigar. Eu não tinha uma resposta. Após uma longa pausa, argumentei: "Você também quer vê-la, não é?"

"Claro que sim", respondeu Piggie, hesitante, "mas estou com medo".

Começamos a subir a trilha.

À medida que nos aproximávamos da casa, uma sensação inexplicável percorreu meu corpo e se alojou em algum lugar perto da minha virilha. Finalmente descobri por que eu queria investigar a casa e mal podia conter minha empolgação.

Piggie deu um leve empurrão na porta da casa com a espada de pessegueiro, e imediatamente ouvimos o som de duas mulheres conversando. Espiei pela fresta da porta e vi um rosto pálido e magro. Parecia olhar diretamente para mim. "É um fantasma", gritou Piggie correndo pela trilha de pedra.

Naquele momento, também tive certeza de que era um fantasma. Corri para casa e tranquei a porta assim que entrei. Meu coração saltava no peito. Olhei para baixo e notei outra resposta biológica cutucando minhas calças. Não ousei contar a ninguém em casa o que havia acontecido na tocaia. O rosto pálido que eu vira pela fresta ficou gravado em minha mente. Com o passar do tempo, parecia se tornar mais concreto. O rosto ganhou vida e um par de olhos piscou de volta para mim. Parecia que sua expressão pretendia me deixar à vontade, como se me encorajasse a fitá-lo com os olhos da minha mente. Pelos dias seguintes, não fui eu mesmo. Com a cabeça nas nuvens, deixei cair os palitinhos pela terceira vez durante o jantar. Minha mãe me deu um cascudo e disse: "Você viu um fantasma ou algo assim?"

Foi um comentário casual — mas essa era exatamente minha preocupação. Será que o que vi naquela casa era mesmo um fantasma?

Eu entrava em pânico sempre que o rosto aparecia em minha mente. Sem contar aos meus pais, fui ao templo pegar outro punhado de amuletos de papel, que colei por todo o meu corpo. Porém, o rosto não me deixava em paz.

Um dia, ele se virou na minha direção e sorriu.

Era uma tortura. Eu mal conseguia dormir e, quando o fazia, acordava sobressaltado de um sonho erótico. Meu corpo não aguentaria muito mais tempo. Certa tarde, finalmente criei coragem para contar a Mamãe o que estava acontecendo, para admitir que uma mulher fantasma me assombrava.

No entanto, antes que eu tivesse a chance de contar, minha mãe entrou na sala com um convite de casamento. "Aquela

Bella Zhang do fim da rua finalmente vai se casar", anunciou alegremente.

"Ela não está morta?", perguntei.

"Do que você está falando? Não posso perdoar o que ela fez, é claro. Acho que todos por aqui pensaram que seria melhor se Bella Zhang tivesse *mesmo* morrido. Mas parece que as coisas deram certo para ela. O homem acabou abrindo um negócio próprio, se saiu muito bem e agora voltou para buscá-la. Talvez os pais nunca se recuperem do que ela os fez passar. Imagine ter uma filha assim, mas acho que as coisas acabaram bem."

O casamento foi extravagante para a época, mas também de um desleixo incomum.

Os presentes de casamento foram dispostos de acordo com os costumes locais e não faltou nada. Saquinhos de doces sofisticados foram enviados para a vizinhança, e o banquete de casamento foi no melhor hotel da cidade. Mas Zhang e o misterioso noivo fizeram apenas uma breve aparição, encenaram um brinde *pro forma* aos convidados reunidos e, depois, voltaram rapidamente ao salão reservado para parentes próximos.

No dia seguinte, ela partiu para a cidade natal do marido, no Nordeste.

Eu não sabia muito sobre o Nordeste, exceto que ficava diretamente ao norte de nossa cidade. Então, eu costumava me posicionar na rua principal e olhar na direção norte, imaginando caminhar ao encontro dela.

Sempre pensei que a veria de novo. Queria conseguir reconhecê-la quando esse momento chegasse, então fiz de tudo para gravar seu rosto.

Entretanto, a memória é como a água. Quanto mais eu mergulhava para recordar seu rosto, mais turva ficava a água, até que um dia percebi que já não restava mais nada.

Não faz sentido tentar lutar contra isso, repetia para mim mesmo, desconsolado. Decidi tentar imortalizar aqueles anos por meio da poesia.

O triste fato é que leitores ávidos como eu nunca experimentam ou compreendem de verdade a glória plena da juventude.

Bella Zhang, por outro lado, tinha a *vivenciado*.

Dois anos após o casamento, ela voltou para nossa cidade, vestindo um *qipao* com uma fenda na coxa, o cabelo penteado na última moda, o pescoço envolto em colares de ouro e os dedos cheios de anéis.

Segundo rumores, havia chegado em um carro de luxo, mas eu não testemunhei seu retorno triunfante, pois estava em aula. Não parava de fantasiar a cena, imaginando a multidão de fãs alinhada ao longo de seu caminho.

Poucos dias após seu retorno, começaram a se espalhar boatos de que Bella Zhang havia se divorciado. E essa seria a única razão de sua volta.

O que isso realmente significava? O divórcio era algo praticamente inédito de onde eu vim, e a maioria das pessoas tinha apenas uma vaga ideia do que queria dizer.

Pouco depois, abriram uma loja em frente à minha escola. Na entrada, havia serpentinas e uma luz vermelha giratória. Os vizinhos disseram que era de Zhang.

Segundo os boatos, apenas três dias depois de sua volta, a família a expulsara de casa. Foi quando ela se mudou para o novo endereço. A única coisa de que eu tinha certeza era que a luz vermelha na frente da loja ficou acesa por três dias antes de um cartaz aparecer, colado na viela, com a seguinte mensagem escrita com nanquim e pincel: "A partir de hoje, nossa família e Bella Zhang cortaram todos os laços. Não assumimos responsabilidade alguma por ela, não importa o que aconteça."

Os caracteres da declaração eram lindos, pincelados com força e vigor. Claramente escritos por um ancião da família com talento para caligrafia. Eram a prova da ascendência erudita e refinada de Zhang. Mas a beleza dos caracteres se perdeu na multidão que se formou para admirar os dizeres, mal disfarçando sua alegria.

Eu tinha que passar pela loja todos os dias no caminho para a escola, mas, por volta das 7h, a porta estava fechada. Notei alguns cartazes colados na vitrine e quis dar uma olhada, mas não consegui criar coragem. Uma semana depois, levantei às 5h30 e fui até lá de bicicleta. Os cartazes, cobertos de rabiscos desordenados, foram colados de qualquer jeito na porta da loja. "Vadia nojenta", dizia um deles; "Prostituta", afirmava outro; "Mate-se de uma vez, vagabunda", declarava um terceiro.

Li os cartazes olhando constantemente por cima do ombro para verificar se aparecia alguém. Quando avistei uma pessoa na viela, fugi e pedalei até o pátio da escola.

Que tipo de loja era aquela? As tentativas de responder a essa pergunta apenas aumentaram a lenda de Zhang.

Devassidão em grande escala, comentou uma pessoa. Não julgue o lugar pela fachada — abra a porta e haverá mais dois andares no subsolo onde garotas bonitas estarão à sua espera para satisfazer qualquer desejo.

Outra teoria afirmava que era uma luxuosa casa de massagem. Havia macas importadas, diziam, e as massagistas fariam maravilhas com você até que seu corpo estivesse relaxado demais para se levantar.

Todas as noites, os meninos no dormitório discutiam teorias e rumores, cada vez mais agitados, até que, de repente, todos encontravam uma desculpa para ter um pouco de privacidade.

Nessa época, Grandalhão — esse era o nosso apelido para o ex-marido de Zhang — apareceu na cidade.

No começo era apenas um boato, e a maioria das pessoas não acreditava, mas Grandalhão começou a aparecer na frente da loja todas as noites, recostado em uma cadeira, curtindo o ar fresco noturno.

Começamos a ouvir brigas e pratos quebrando na madrugada. Mas no dia seguinte, ao anoitecer, Grandalhão aparecia novamente, arrastando sua cadeira para fora da loja como se nada tivesse acontecido.

Ninguém sabia o que acontecia lá dentro; talvez nem mesmo Zhang e Grandalhão pudessem explicar. Mas, finalmente, um dia as portas se abriram. As serpentinas e a luz vermelha foram retiradas e substituídas por uma placa: Bella's Frutos do Mar.

A placa anunciava a estreia de uma nova Bella Zhang, que andava com a cabeça erguida, sorrindo calorosamente enquanto cumprimentava os clientes no balcão de seu restaurante. Os moradores locais juraram nunca pisar no Bella's Frutos do Mar, mas ela tinha muitos clientes de fora que trabalhavam nos cargueiros e vinham fazer negócios na cidade.

Ao examinar o restaurante pelo outro lado da rua, dava para perceber que era mesmo dela: assim como a dona, parecia um peixe fora d'água em nossa pequena cidade. Havia móveis com detalhes dourados, cortinas cintilantes de contas de vidro e cadeiras de couro, e todas as garçonetes eram forasteiras altas e bonitas. O lugar exalava o que nossos vizinhos chamavam, em tom desaprovador, de "atmosfera sedutora".

O restaurante de Zhang e nossa cidade pareciam inconciliáveis. Ela era o símbolo de um elemento tóxico que corroía o caráter local.

Se de fato houve uma guerra entre ela e a cidade, Zhang venceu sem disparar um tiro sequer. Seu restaurante teve tanto sucesso que começou a se expandir e a ocupar as lojas vizinhas; gradualmente, os empresários locais se viram "incapazes de resistir" ao Bella's Frutos do Mar.

"O que se pode fazer?", argumentavam os empresários, a título de explicação, após darem uma descrição vívida do salão de jantar. "Quando visitam a cidade, meus clientes querem que eu os leve lá."

Não muito depois, Zhang obteve outra vitória: um figurão local planejava o casamento de seu filho e decidiu reservar o salão de jantar do Bella's Frutos do Mar.

Meu pai havia recebido um convite para o casamento e, quando o grande dia chegou, eu andava ansiosamente pela casa. Ao receber o convite, Papai se lembrou de que aquele restaurante era o melhor lugar da cidade para fazer contatos com empresários de fora.

Eu me ofereci para ir com ele, mas minha mãe interveio com uma recusa feroz. Observei da janela, acompanhando todo o trajeto de meu pai até o restaurante. Ele hesitou por um momento antes de entrar.

"Comida maravilhosa." Ao retornar do casamento, essa foi a única avaliação que Papai se dignou a nos oferecer. Era tudo que ele — e qualquer outra pessoa — se sentia à vontade para comentar. A qualidade da comida fez com que todos deixassem de lado a inveja e se esquecessem da política local. Finalmente nossa cidade parecia dar as boas-vindas a Bella Zhang.

Quando chegou a hora de reformar alguns prédios da escola, os patriarcas locais procuraram doações. Visitaram o Velho John, que havia aberto uma loja na cidade, mas ele hesitou em contribuir, e o Velho Tom, dono de uma loja de eletrodomésticos, que também não aceitou. Zhang ficou feliz em ajudar. Ela seguiu direto para a escola, convidou-se para a sala do diretor e anunciou: "Pode contar com cinquenta mil."

Na época, cinquenta mil yuans era uma soma considerável — o suficiente para construir uma casa na cidade.

Entretanto, o diretor ficou hesitante. "Pensarei a respeito", respondeu ele.

Quando a lista de doadores foi divulgada, não constava o nome de Zhang.

Pouco depois, os patriarcas locais arrecadaram dinheiro para renovar um salão ancestral, e ela se prontificou novamente. No entanto, seu nome fora omitido de novo da lista de doadores.

Com a aproximação do Ano-novo, o templo Mazu anunciou um projeto para expandir o pátio. Finalmente Zhang encontrou alguém disposto a aceitar seu dinheiro.

Gravada na parede interna do templo, a placa informava: "Da devota senhora Bella Zhang: cinquenta mil yuans." Foi a maior doação recebida, mas o nome dela apareceu no final da lista. Porém, Zhang não desanimou. Depois disso, ela costumava passear pelo pátio recém-ampliado e se inclinava para admirar a placa com seu nome gravado.

Eu costumava ficar nos arredores da mercearia perto do templo Mazu, vendo o sorriso de Zhang desabrochar como um botão de flor. Quando entrei no ensino médio, ela se tornou a vice-presidente da Associação de Empresários da cidade. Seu restaurante de frutos do mar havia se mudado para um prédio de cinco andares perto do estuário.

Naquele ano, o banquete para alunos extraordinários de nossa escola foi patrocinado por ela e realizado em seu restaurante. Zhang fez um discurso, que abarcou todos os pontos esperados sobre servir à pátria mãe e construir a nação.

Nessa época, ela não era mais uma mulher jovem. Tinha um queixo duplo, e a camada espessa de base não conseguia cobrir as rugas que começavam a craquelar seu rosto. Mas ainda era linda.

Os patriarcas locais não ficaram satisfeitos com a decisão da escola de aceitar o apoio de Zhang. A essa altura, ela já havia diversificado seus negócios e abrira o Centro de Lazer da Orla, ao lado do restaurante.

A notícia do complexo de lazer se espalhou por toda a costa. Eu não sabia exatamente o que acontecia lá, mas, segundo relatos, havia uma sala de concertos, um salão de baile, um café e salas privadas de karaokê. Também havia rumores de algumas atividades "menos legítimas" — o mais popular deles, pelo menos na minha escola, era que drogas eram vendidas lá. Quando um colega deixou a escola abruptamente naquele ano, alguns especularam que ele havia contraído uma IST ao visitar o Centro de Lazer da Orla. Recebíamos repetidas advertências de diretores e professores para ficarmos bem longe do local; em tom sigiloso, pais informavam os filhos sobre os abjetos acontecimentos do complexo; e percebi que a mais recente cruzada da cidade contra Zhang estava apenas começando.

No dia do banquete dos alunos, fiquei contemplando a parede que separava o restaurante do Centro de Lazer da Orla. Não consegui resistir e espiei pela janela várias vezes, na esperança de ter um vislumbre do que acontecia do outro lado.

Era um complexo enorme. Presumi que o grande prédio no centro deveria ser o salão de baile. Era cercado por *villas* ao estilo europeu. Eu ouvira falar que cada *villa* tinha um tema diferente: uma era um bar para curtir músicas lentas e baladas; outra, uma discoteca; e a outra, um sofisticado café. Após o jantar, fui escolhido como o aluno jornalista que entrevistaria a bem-sucedida empreendedora Bella Zhang.

A entrevista seria no escritório dela.

Zhang usava meia-calça preta e um vestido executivo. Não consegui dizer uma palavra. Suava em bicas. Era a primeira vez que falava com ela.

A professora que me acompanhava lembrou que eu não precisava fazer anotações. Era apenas uma formalidade.

Eu sabia que Zhang estava acostumada com esse tipo de protocolo cerimonial. Mas era nessas cerimônias que ela finalmente obtinha o reconhecimento por seus feitos. Murmurei perguntas enfadonhas, coisas como: "Que conselho você gostaria de dar aos alunos?" Ela fez o possível para enfatizar tudo aquilo que imaginava que uma mulher em sua posição diria.

Zhang parecia satisfeita com o andamento da entrevista. Ao longo da conversa, do nada, ela prometeu doar fundos para apoiar os jornalistas da escola. Ao final, ela e a professora apertaram as mãos. Foi um sucesso.

Ao sair do escritório, antes de fechar completamente a porta, não resisti e dei uma última espiada. Flagrei o momento em que Zhang se "desmontou" — sentou-se esparramada na enorme cadeira e inclinou a cabeça para trás. Sua expressão revelava um cansaço indescritível.

Quanto mais éramos pressionados a ficar longe do Centro de Lazer da Orla, mais queríamos entrar. Um dos meus colegas cansou de esperar. Entrou secretamente e voltou para nos contar os detalhes "impressionantes" do que tinha visto.

No meu grupo da escola, se você tinha coragem de entrar no centro sorrateiramente, era motivo de orgulho. E, fora da escola, se seus pais descobrissem sobre um desses passeios ao complexo, era motivo de vergonha.

Mais rumores começaram a se espalhar: relatos de que o complexo era supervisionado por quatro gângsteres, cada um com uma especialidade terrível, que planejavam começar a recrutar "adeptos" em nossa escola.

Nunca acreditei realmente nessa história. Mesmo que houvesse gangues operando o local, envolver-se com a escola só traria um escrutínio indesejado. Suspeitei que algumas pessoas que trabalhavam no complexo falavam demais e talvez tivessem as próprias centrais de boatos. Mas, quaisquer que fossem os rumores espalhados pela cidade, todos pareciam envolver o Centro de Lazer da Orla.

A raiva estava crescendo. Começou com os patriarcas da cidade e se espalhou para suas auxiliares, que passaram a visitar todas as casas e pressionar as pessoas a assinar petições contra o complexo. Zhang, porém, não admitiu a derrota e lançou um contra-ataque. Quando o governo municipal anunciou que iniciaria as reformas nos escritórios locais, ela ofereceu duzentos mil yuans.

Estava reinstaurada a guerra fria entre os residentes da cidade e Zhang. A situação era um barril de pólvora e todos aguardavam uma faísca para tudo ir pelos ares.

A faísca surgiu durante as férias de verão no meu terceiro ano do ensino médio. Aconteceu uma briga no Centro de Lazer da Orla. Um homem foi espancado até a morte. Era filho de um poderoso patriarca local.

Um grupo de moradores apareceu no portão da frente e começou a gritar insultos e atirar pedras. Eles exigiam que o complexo fosse fechado imediatamente.

Aproveitei minhas credenciais de repórter estudante e corri para o local.

A multidão aumentara e incluía jovens e idosos, pessoas diretamente envolvidas na briga e no protesto, bem como curiosos. Eles berravam as mesmas palavras que eu havia lido nos cartazes: "Vadia nojenta", "Prostituta", "Mate-se de uma vez, vagabunda". Zhang apareceu no terraço superior do prédio principal. Em um megafone, ela gritou para a multidão: "Foi um acidente. Esta é minha cidade também. Por favor, vocês precisam saber que desejo remediar a situação."

Antes que ela conseguisse terminar o discurso, as pessoas começaram a atirar pedras.

Zhang estava muito no alto para correr perigo, e as pedras se chocaram contra o prédio.

A multidão se afastou para permitir que a mãe dela passasse. A senhora andou cambaleante até a frente do portão e vociferou com a filha: "Você não trouxe nada além de azar! Por que não morreu de uma vez? Por que teve que voltar apenas para nos amaldiçoar?"

Parecia que fazia muito tempo que ela e a mãe não se viam. Zhang ergueu o megafone e gritou: "Você tem que acreditar em mim, mamãe. Juro que nunca fiz nada de que me envergonhar. Eu juro."

A mãe de Zhang parecia à beira do colapso. "Você foi uma maldição", esbravejou. "É isso que foi. Eu deveria ter estrangulado você quando tive a chance."

Grandalhão apareceu no terraço e levou Zhang de volta para dentro.

Os gritos e xingamentos continuaram por um tempo e, então, foram cessando lentamente.

As coisas se acalmaram durante a noite, mas, quando me levantei na manhã seguinte, soube que Zhang tinha ido ao santuário ancestral de sua família. Ela se ajoelhou e jurou aos céus que nunca cometera um pecado imperdoável. "Eu só queria encontrar alguém que me amasse", confessou entre lágrimas. "Nunca vendi meu corpo e nunca vendi drogas. Fiz o que achei que me traria felicidade, o que achei certo, e construí um negócio. Mas nunca fiz nada imperdoável."

Quando parou de chorar, golpeou a cabeça contra a parede de pedra do corredor.

No dia seguinte, os patriarcas da família acordaram e a encontraram caída. Estava morta. O sangue, já coagulado na poeira, parecia cinzas velhas de incenso.

De acordo com o costume local, as cerimônias fúnebres deveriam ocorrer na casa do falecido ou no salão ancestral. Após o enterro, uma placa de madeira entalhada com o nome do falecido era pendurada no corredor, marcando sua passagem. Dizia-se que, sem a placa, a alma do falecido não conseguiria descansar.

Todavia, nem a família de Zhang nem o salão ancestral dos Zhang estavam dispostos a receber o corpo. Também não havia chance de pendurarem uma placa para ela. Seu espírito vagaria para sempre. Essa era a punição mais extrema que alguém poderia ter lhe desejado.

Mais uma vez, Bella Zhang vagaria sem ninguém para reclamá-la como um dos seus.

No final, Grandalhão cuidou dos arranjos. Ele planejou uma despedida solene para ela, que sua família e todos os outros habitantes evitaram. Mandou vir uma banda de uma cidade vizinha, que tocou as melancólicas melodias do funeral por três dias e três noites.

Quando a música cessou, Grandalhão mandou todos embora e, então, incendiou o Centro de Lazer da Orla.

Ninguém chamou socorro. Nenhum carro de bombeiros foi apagar o incêndio. Todos assistiram impassíveis enquanto o complexo era engolido pelas chamas. Quando o fogo se transformou em brasas, algumas pessoas saíram para soltar fogos de artifício. Era a tradição em nossa cidade: se um membro da família estava doente e recuperava a saúde, a notícia era recebida com fogos de artifício.

Seis anos depois de me formar na universidade, um de meus colegas de ensino médio, que agora era um bem-sucedido empresário, organizou um reencontro de dez anos. Meu convite foi enviado para Beijing. Abri o envelope vermelho e descobri que o local do evento era o Centro de Lazer da Orla.

Desde que fui para a universidade, passava pouco tempo em minha cidade natal, então não sabia que o lugar havia sido reaberto.

A nova versão do complexo era totalmente diferente. As *villas* foram reconstruídas, mas o edifício central foi substituído por um amplo gramado. O clima era festivo, com alto-falantes tocando música, todos bem-vestidos e se cumprimentando calorosamente.

Cheguei atrasado e todos já estavam reunidos. Prometi a mim mesmo que não perguntaria, mas não consegui evitar: "Por que reconstruíram este lugar?"

O colega que organizou o reencontro deu uma risada forçada. "Onde houver demanda", disse, "sempre haverá oferta. A cidade agora tem dinheiro e as pessoas precisam de um lugar para gastá-lo".

Eu queria mudar de assunto, mas ele continuou.

"Os negócios são movidos pelo desejo", argumentou. "O dinheiro é o rei."

Após várias rodadas, alguns colegas começaram a me provocar devido à minha obsessão de infância por Zhang. "Ela era a garota dos seus sonhos, não era?"

Corei. Não sabia o que dizer. Outra pessoa bradou: "Por que está ruborizado? Você não era o único!"

Alguém propôs um brinde a Zhang, e o colega que acabara de me dar a lição improvisada sobre negócio e desejo interrompeu. "Esta era uma geração de sangue quente, e todos nós temos uma dívida para com aquela que fez nosso sangue ferver pela primeira vez, a embaixadora de um novo movimento de apreciação estética, uma revolução sexual."

Todos aderiram com entusiasmo: "À grande Bella Zhang!"

Eu não consegui participar. Fiquei sozinho por um tempo, olhando para o gramado. Pensei na velha casa de tijolos e no rosto pálido que havia assombrado meus pensamentos durante dias. "Acho que ela nunca desistiu de tentar ser uma boa menina", concluí. "Por isso se matou." Atrás de mim, a festa continuou e as pessoas começaram a trocar histórias sobre o Centro de Lazer da Orla e sua fundadora.

Eu não aguentava mais. Quebrei meu copo no chão e saí. Continuei andando até não poder mais avistar aquele lugar nojento.

7
Tiny e Tiny

Havia dois Tinys, mas, até a quinta série, eu só conhecia um. A casa dele ficava em frente à minha.

Era uma típica casa hokkien: dois prédios centrais dispostos em cada lado de um salão de adoração, que servia para orar aos deuses e fazer oferendas aos espíritos dos ancestrais. Esse tipo de salão era bastante normal no sul de Fujian, onde há tantos deuses e tantos festivais que acompanhar os assuntos espirituais era como um trabalho em tempo integral.

Na maioria das casas tradicionais no sul de Fujian, também havia duas alas separadas, com um pátio no meio. Mas a família de Tiny não teve recursos para concluir o projeto, então, em vez disso, havia um pequeno quintal cercado por palmeiras e um quintal maior, recoberto de grama alta, onde a família mantinha um grande cachorro preto.

Era uma típica família de pescadores. O pai tirava o sustento do mar desde menino, e os dois irmãos mais velhos foram trabalhar com ele assim que terminaram o ensino fundamental. A mãe se encarregava de consertar as redes e levar o pescado ao mercado para vender. Parecia que Tiny seguiria o mesmo caminho dos irmãos, mas, antes de terminar o ensino fundamental, ele costumava jurar aos quatro cantos: "Nunca serei pescador."

A mãe de Tiny se chamava Wuxi. Eu gostava muito dela. Toda vez que Mamãe e eu íamos visitá-la, tínhamos a certeza de um jantar regado a frutos do mar. Wuxi ria como se não conhecesse outra emoção em sua vida, apenas a alegria desenfreada. Sempre que me via, tinha alguma guloseima para oferecer e, quando nos visitava, levava peixe ou camarão. O pai e os irmãos mais velhos de Tiny sempre me chamavam quando eu passava e brincavam comigo, e até o cachorro da família abanava o rabo ao me ver entrando na viela.

Porém, Tiny parecia sempre muito reservado, geralmente se escondendo em um canto tranquilo da casa quando visitávamos. Nossas famílias podiam ser próximas, mas ele não queria saber de nós. Era um menino quieto e parecia esconder algo profundo em seu silêncio, como se estivesse absorto em pensamentos, a um milhão de quilômetros de distância do que acontecia ao seu redor. A única vez que realmente falou comigo foi quando ouviu minha mãe dizendo a Wuxi que eu tinha terminado o ano como o primeiro da classe. Ele me chamou e disse: "Continue assim, Blackie. Estude bastante e saia desta cidade pequena."

Nunca pensei em minha cidade natal como pequena, e jamais senti vontade de fugir de lá. Mas eu o admirava: alguém que menosprezava nossa pequena cidade devia vislumbrar melhores horizontes. Como ele não era um aluno muito bom, deduzi que seu silêncio arrogante era apenas fruto da solidão.

Tiny, o Esquisito — era assim que nossos vizinhos o chamavam.

Foi então que o outro Tiny entrou em minha vida, sentado no banco traseiro de um sedã de luxo.

Certa tarde, ele fez sua entrada na nossa viela, em um tipo de carro que eu só vira na TV. Não havia como aquele carro caber na rua estreita e, quando o motorista tentou recuar, acabou pulverizando os espectadores com nuvens de poeira.

Assisti à cena, descalço em meio à multidão. Naquela época, tênis brancos e uniformes escolares no estilo marinheiro eram populares, mas eu odiava enfiar meus pés em um par de tênis abafados e suados. Mas nosso professor havia nos avisado que só tínhamos duas opções: tênis ou nada; então escolhi a segunda alternativa. Levava meus tênis na mochila e andava descalço. Não importava se era um dia quente de verão ou de chuva torrencial. Criei grossos calos nas solas dos pés, então conseguia andar sobre cacos de vidro sem me cortar. Meus colegas me apelidaram de Imortal Descalço, em homenagem a um deus taoísta que só andava sem sapatos.

O Tiny que desceu do banco traseiro do luxuoso sedã não calçava um tênis branco, e você nunca o flagraria descalço. Usava sapatos elegantes, do tipo que veríamos em uma criança na TV — e a elegância não se restringia aos sapatos! Ele tinha suspensórios e calças bem passadas, um corte de cabelo impecável e uma camisa que reluzia, tão branca quanto suas bochechas. Parecia o estereótipo de um jovem de família rica. Era tão alvo que o resto de nós parecia cinza em comparação.

Tiny era sobrinho de tia Yue, que morava a leste de nossa casa. O irmão mais velho de tia Yue e a esposa foram para Hong Kong a fim de trabalhar em uma construção. Já haviam concluído os procedimentos de imigração para eles e seu filho mais velho, mas levaria alguns anos até que pudessem finalmente levar Tiny.

A vizinhança decidiu que o apelido perfeito para esse Tiny era Tiny Hong Kong, o que fazia parecer que Hong Kong era seu sobrenome, ou Tiny, o Honconguês.

Tiny, o Honconguês, despertou em nós, selvagens crianças do bairro, uma sensação parecida com a que, imagino, os nativos norte-americanos experimentaram quando os europeus desembarcaram em suas praias.

Assim que o menino chegou, ele e sua família adotiva foram cercados por um grupo de crianças voyeuristas. Todas estavam curiosas sobre cada passo de Tiny. Perceberam que, ao falar, o garoto gostava de erguer as sobrancelhas para enfatizar os argumentos. As crianças se maravilhavam com seu corte de cabelo, inspirado no estilo meticulosamente bagunçado do cantor honconguês Aaron Kwok. Tiny também gostava de assobiar e tomava vários banhos por dia. Não demorou muito para que os selvagens garotos do bairro saíssem por aí assobiando e repartindo os cabelos de lado como Aaron Kwok. Algumas das crianças até o espiavam tomando banho, para que pudessem ver por si mesmas como era o ritual de higiene de um menino sofisticado.

A família de Tiny era um pouco melhor de vida do que a maioria da vizinhança. Na época, era a única com uma casa de dois andares. Sempre que lavava as camisetas e cuecas do sobrinho, a tia as pendurava para secar no terraço da cobertura. O branco ofuscante era como um estandarte da civilização ondulando com soberba sobre nossa pequena cidade. Para nós, crianças, essas roupas também tinham outro significado — sinalizavam algo que mexia com nossos hormônios. Poucos dias após a chegada de Tiny, um menino do bairro escalou um poste elétrico na esperança de descobrir seus segredos ainda mais íntimos. O menino acabou escorregando — felizmente, caiu na grama, e não no duro concreto que agora recobre tudo. Ele escapou com nada mais grave do que uma cicatriz.

Ninguém em nossa cidade queria que rumores como esse se espalhassem, e os adultos agiam como se nada fora do comum estivesse acontecendo. E, quando algo de fato ocorria, faziam vista grossa ou se fingiam de desentendidos. Todos se apegavam aos próprios modos de vida descomplicados, não importava o que acontecesse.

Mesmo antes de conhecê-lo, concluí que provavelmente não gostaria de Tiny, o Honconguês. No grupo de garotos que corriam de chinelos pela vizinhança, minha reputação era de ser o melhor aluno e eu temia que Tiny pudesse roubar parte da atenção que recebia dos vizinhos. Eu não estava pronto para deixar de ser o centro das atenções.

Eu fingia não ligar para Tiny e seus fãs e voyeurs devotados, mas, em uma de suas visitas, tia Yue decidiu nos aproximar. "Você é um bom aluno", disse, "gostaria que cuidasse dele. Não quero que meu sobrinho acabe desencaminhado por aqueles meninos selvagens".

Nosso primeiro encontro foi um pouco estranho. Minhas mãos estavam suadas e eu mal conseguia pronunciar uma palavra sem gaguejar. Tiny, porém, era a imagem da serenidade.

Ele vestia uma camisa branca como a neve e cheirava a colônia. "Meu nome é Tiny", apresentou-se, sorrindo e revelando dentes brancos e brilhantes. "Ouvi dizer que você terminou o ano como o primeiro da classe."

Assenti.

"Você é dois anos mais velho do que eu, certo?"

Assenti.

"É um prazer conhecê-lo, irmão Blackie", afirmou, acrescentando uma designação formal antes do meu apelido.

Quando voltei para casa, o Exército de Chinelos estava à minha espera. Fui cercado por um enxame de curiosos zumbindo em meus ouvidos. Eles queriam saber como Tiny era, mas apenas respondi, com falsa solenidade: "É um bom sujeito e um homem complicado." Mas o fato é que ele havia me impressionado profundamente; parecia ser uma boa pessoa.

A família de Tiny contratou dois guarda-costas para o menino — seus primos —, encarregados de lhe fazer companhia e protegê-lo de influências negativas. Um deles era alto e magro, o outro era baixo e gordo. Tiny só se dirigia a ambos para dar ordens, comandos para que conseguissem isso ou aquilo. Não sei exatamente o que Tiny viu em mim, mas, depois de nosso primeiro encontro, seus primos costumavam me convocar para "audiências" com ele. Essas convocações vinham na forma de convites: "Você quer jogar bola de gude?"; "Tiny quer brincar de esconde-esconde, você topa?"; "Tiny quer saber se você gostaria de jogar damas".

O Exército de Chinelos estava com medo de perder minha companhia. Sempre que os primos de Tiny faziam um convite, os garotos apresentavam uma contraoferta. Eu acabava encurralado e forçado a escolher um lado.

No início, eu não estava pronto para fazer uma escolha definitiva. Certo dia, um dos primos passou em minha casa com o seguinte recado: "Tiny quer saber se você gostaria de ir até lá para ler alguns gibis que ele acabou de comprar de Hong Kong ou jogar Nintendo..."

Foi assim que Tiny me conquistou. Naquele dia, o Exército de Chinelos decretou minha dispensa desonrosa.

Tiny era um grande companheiro de brincadeiras. Ele tinha todas as novidades que uma criança poderia desejar — mangás, jogos de computador, quebra-cabeças, blocos —, além de dois guarda-costas para nos atender. Quando sentíamos sede, eles buscavam bebidas geladas (trazidas de Hong Kong) e, quando sentíamos calor, ligavam o ventilador elétrico (também vindo de Hong Kong).

No trato com os primos, Tiny era como o filho de um senhorio tirânico. Bastava um olhar para mandá-los embora correndo. Ele não se importava quando eu o vencia em nossos jogos, mas, sempre que os primos não perdiam de propósito, repreendia-os até humilhá-los.

O Exército de Chinelos observava a curta distância. Os garotos usavam tubos de papel como megafone e gritavam para mim: "Traidor, puxa-saco..." Eu levava na esportiva e nem me incomodava em respondê-los, mas Tiny fazia questão de ir até eles e berrar de volta: "Sobre o que vocês, garotos selvagens, estão gritando?"

Percebi que a temporada de hostilidades havia começado.

O Exército de Chinelos tinha uma arma poderosa à disposição. A bomba-relógio de esterco contava com uma avançada tecnologia. A bombinha que fornecia a carga tinha um pavio longo que demorava um minuto para queimar. O truque era colocá-la em um bolo de estrume de vaca e cronometrar para explodir assim que Tiny e eu estivéssemos em seu raio de alcance, nos cobrindo de esterco.

Eu já estava bem familiarizado com os truques do Exército de Chinelos, e bastou alguns desses ataques para que aprendêssemos a evitá-los. No entanto, os garotos não estavam preparados para admitir a derrota. Em vez de plantar bombinhas no esterco para ataques furtivos de guerrilha, decidiram que seria mais fácil simplesmente atirá-lo em nós. Tiny estava furioso. Ele correu para dentro e saiu com a espingarda que a família mantinha para caçar pássaros. Apontou-a para o céu e disparou.

Bang! O som, como de uma onda quebrando nos rochedos, ecoou nos ouvidos do Exército de Chinelos. Os garotos olharam para Tiny em um silêncio atordoado. Também fiquei surpreso.

"Assustei vocês, não assustei, seus pequenos maltrapilhos?" Seus dentes brancos e brilhantes reluziam enquanto Tiny rosnava para eles. A visão me provocou arrepios.

Talvez eu estivesse com medo de cortar laços com o Exército de Chinelos ou me sentisse desconfortável com a arrogância de Tiny, mas, após o incidente do tiro, decidi que precisava encontrar algum equilíbrio. Tiny e eu estávamos grudados como unha e carne, e eu sabia que era hora de começar a repartir meu tempo entre as duas panelinhas.

Tiny percebeu que minha lealdade estava dividida, então valeu-se de todos seus tesouros vindos de Hong Kong para me atrair de volta — CDs de Hong Kong, avião de controle remoto de Hong Kong... Mas ele sabia que um abismo se abrira entre nós. "Se quiser", disse finalmente, "apareça, mas não tem problema se não quiser".

Eu sabia que ele queria pôr um fim em nossa amizade antes de ser forçado a admitir que perdera a batalha.

Comecei a sentir pena dele. Quando o conheci, percebi o quanto era solitário. Era culpa de seus pais, que o mantinham em um limbo perpétuo. Estava sempre "se preparando para ir a Hong Kong". Em uma situação de constante temporariedade, não havia como Tiny viver o momento ou fazer amizades.

Naquela época, Hong Kong parecia um mundo diferente e melhor. Era o seu destino final, então talvez ele pensasse que poderia desprezar nossa pequena cidade.

Todavia, Tiny ainda era uma criança, e uma criança precisa de amigos.

Concluí que ele deve ter me escolhido para ser seu amigo porque eu era o melhor aluno, algo que Tiny não poderia desprezar. Eu estava em um nível acima. E talvez minha amizade representasse uma conquista.

Depois que nossa amizade esmoreceu, ele passou a me mostrar fotos de seu irmão mais velho.

As fotos eram a única forma de ele ver o irmão. Tiny era mimado pela mãe, que preferiu não levá-lo a Hong Kong, onde a vida da família seria difícil. Ela enviou Tiny para ficar com a família em sua cidade natal e mandava pelo correio uma grande soma mensal de dinheiro para seus cuidados. Mas o irmão mais velho de Tiny fora para Hong Kong a fim de trabalhar no canteiro de obras.

O irmão cresceu em Hong Kong; tornou-se um honconguês e certamente se parecia com um honconguês, com cabelos compridos, brinco, shorts e mocassins, e às vezes até um lenço de seda.

Claro, Tiny idolatrava o irmão, assim como todos nós admirávamos as pessoas elegantes que assistíamos caminhando entre arranha-céus nas nossas TVs em preto e branco. Talvez ambos estivéssemos apenas adorando Hong Kongs imaginárias.

Para nós, aqueles arranha-céus pertenciam a um mundo distante, mas, para Tiny, eram o seu futuro.

Ele tentou deixar o cabelo crescer, mas seu avô o cortou. Tentou furar a orelha com uma agulha, mas acabou coberto de sangue, e seu avô teve que levá-lo às pressas para o hospital. Acabou desistindo de parecer um honconguês, mas continuou sonhando em silêncio ao contemplar as fotos do irmão.

Tentei manter distância de Tiny, mas às vezes eu fazia uma pausa nas corridas pelo beco com o Exército de Chinelos para visitá-lo. Ele sempre estava ávido para falar do irmão. "É um cara incrível", concluía. "Deveriam chamá-lo para trabalhar na TV — ele é como aquelas pessoas. Tem uma motocicleta e participa de corridas de arrancada com uma garota na garupa. Mas, quando chega a hora de trabalhar, muda completamente. Você deveria ver como ele fica sofisticado de terno."

"Meu irmão usa drogas", anunciou Tiny certo dia, do nada. Ele me passou um cigarro, se inclinou e disse: "É exatamente o que está pensando." Parecia satisfeito consigo mesmo, como se tivesse descoberto a chave de tudo.

Tiny pegou o cigarro de volta, embrulhou-o no lenço de onde o havia tirado, colocou o pacote em uma caixa de metal e guardou debaixo da cama. Dava para ver que ele considerava aquilo o seu maior tesouro.

Ao olhar para Tiny, me dei conta do abismo que se abrira entre nós. Sabia que havia uma paixão dentro dele e isso me assustava. Ele queria deixar a pequena cidade e ir para Hong Kong. Ansiava pela vida que, segundo imaginava, desfrutavam os honcongueses.

Devo admitir, os arranha-céus a que assistia na TV despertavam meus próprios anseios. Mas aquela cidade e aqueles edifícios nunca foram reais para mim. Eram algo distante demais. Tiny vivia entre mundos. Era um homem fora do tempo, cercando-se das armadilhas de um lugar que parecia estar dezenas de anos à frente de nossa pequena cidade.

Não foi exatamente uma surpresa quando ele me chamou até sua casa e me levou ao seu quarto para mostrar uma pilha de dinheiro e perguntar onde poderia comprar uma motocicleta. "Como as da TV!", explicou. "Gostaria que você me levasse para comprar uma. Quero participar de corridas de arrancada."

Naquela época, em nossa pequena cidade, não havia um lugar para comprar uma motocicleta. Seria preciso viajar 64km até uma cidade vizinha. "E drogas?", perguntou Tiny em um tom desesperado. "Podemos conseguir um pouco de maconha?"

Naquela noite, fomos a um fliperama clandestino onde ele jogava nas máquinas caça-níqueis. Eu o observei sentar na frente de uma delas, depositar as moedas e, em seguida, perdê-las rapidamente. Mais uma vez, jurei manter distância de Tiny.

Era nítido que ele estava muito envolvido em sua fantasia. Eu estava preocupado em acabar engolido por ela também.

Senti uma impulsividade semelhante brotar dentro de mim.

Nunca me ocorreu que Tiny e Tiny pudessem ser amigos.

Tiny parou de mandar seus primos me buscarem, e eu parei de visitá-lo. Mas, certo dia, sua tia mandou me chamar. Ela queria que eu ensinasse matemática ao sobrinho. Em sua última prova, ele acertara apenas 12% das questões.

Peguei a prova e fui em direção ao quarto de Tiny, planejando rir na cara dele. Ele não acertou nem o básico, como adicionar metade a um terço!

Entrei e me deparei com o filho do pescador e o futuro habitante de Hong Kong — Tiny e Tiny.

Eles estavam entretidos, montando um dinossauro de madeira.

Foi uma surpresa. Nunca tinha visto o filho do pescador falar mais do que três frases com um estranho, mas, lá estava ele, dando uma risada exagerada, deslumbrado com o dinossauro. "Uau! É muito legal. Parece que está vivo."

A bajulação era nítida. Senti um misto de repulsa indescritível e tristeza incomum ao ver o "nosso" Tiny se transformar em um bajulador. Eu sabia muito bem o que ele vira em seu homônimo: Tiny, o Esquisito, podia sentir o aroma sofisticado da distante Hong Kong em seu companheiro de brincadeiras.

Estudei a prova de matemática com Tiny, o Honconguês, expliquei as questões incorretas e fugi o mais rápido possível.

Ele foi atrás de mim, perguntando se eu queria jogar um videogame que acabara de chegar de Hong Kong. O filho do pescador estava bem atrás dele.

O jeito como Tiny, o Esquisito, sorriu com subserviência por cima do ombro de Tiny, o Honconguês, me deixou enojado. "Não posso", respondi. "Preciso ir." Então me virei e saí.

Depois daquela noite, toda vez que a tia de Tiny me pedia para ajudá-lo a estudar, eu inventava uma desculpa.

Não queria encontrar o filho do pescador. Ele era tolo e mesquinho, mas também me fez perceber o quão tolo e mesquinho eu poderia ser.

O Tiny que eu conhecia desde criança começou a mudar. Ele matou aulas por três semanas seguidas, mas saía de casa todas as manhãs e voltava à noite, como de costume. Ia até a nova zona industrial da cidade para arrumar briga com os trabalhadores migrantes, mandava que latissem como um cachorro e depois batia neles. Então, um dia, seus pais perceberam que ele havia entrado furtivamente no quarto deles e roubado algumas centenas de yuans.

Wuxi estava triste, mas não queria chorar na frente do marido, então foi visitar minha mãe.

"Meninos são assim mesmo", ponderou Mamãe, tentando confortá-la da única maneira que sabia.

Ouvi a conversa, calado. Sabia que a doença de ambos os Tinys era a mesma: síndrome de Hong Kong. Encontrei o filho do pescador algumas vezes naquela época e percebi que até sua voz havia mudado. Ele usava o cabelo no mesmo estilo do Tiny, o Honconguês. E imitava até seu sorriso.

Finalmente, não consegui me conter. "Diga a ele que pare de andar com aquele outro Tiny", falei para Wuxi.

Ela ficou atordoada. Tinha orgulho da amizade do filho com o sofisticado Tiny, o garoto que partiria para a cidade grande. Minha mãe me deu um tapa. "Quieto", me repreendeu, "isso é conversa de adultos".

Entretanto, Wuxi deve ter me escutado, pois, quando vi os Tinys, um deles me deu um gelo e o outro quis brigar. Foi o filho do pescador quem me chamou para ajustar as contas.

O Exército de Chinelos me defendeu. Houve uma relativa trégua. E foi o fim. Cortei todos os laços com Tiny e Tiny.

No entanto, eu ainda ouvia os boatos. O Tiny de nossa cidade se envolveu em uma briga, foi suspenso e ficou sob supervisão especial até que abandonou a escola em definitivo.

Certo dia, eu soube que Tiny, o Honconguês, finalmente partiria. Em uma semana, ele deixaria nossa cidade para sempre.

Tia Yue passou em nossa casa e me entregou o modelo de dinossauro e o videogame Nintendo. Eram os brinquedos favoritos de Tiny, e seu desejo era que eu ficasse com eles.

"Não sei o que aconteceu entre vocês", comentou ela, "mas ele ainda gosta de você. Por que não o visita quando puder?".

Tiny parecia ter ensaiado para minha visita. A expressão presunçosa estampada em seu rosto quando entrei só poderia ser resultado de muito treino.

Ele colocou a mão no meu ombro e me puxou para mais perto. Eu me senti como se estivéssemos em um filme. Tiny se sentou na cama e sacou um pedaço de papel. Nele havia um endereço rabiscado grosseiramente.

"Você é a única pessoa para quem estou dando isso", confidenciou. "Quero que me escreva, se puder." Ele ergueu as sobrancelhas.

"Uma carta para Hong Kong, hein?", respondi sem jeito, sem saber exatamente o que falar. "Vai de correio aéreo, não é mesmo? Deve ser muito caro."

"Somos amigos", argumentou. "Se isso é tão importante para você, vá me visitar em Hong Kong e eu o reembolso."

Entreguei o presente que levara. Era um livro grosso de física que eu adorava. Economizei seis meses para comprá-lo.

"Tia Yue me mostrou seu dever de física", expliquei. "Que horror. Estude com esses exercícios práticos."

"Que merda de presente", esbravejou ele, no ápice de sua arrogância.

Tiny partiu para Hong Kong em um sábado à tarde, quando eu estava fora da cidade para um evento escolar.

Deixou nossa pequena cidade assim como chegou, no banco traseiro de um sedã de luxo cercado por curiosos. Todos apontavam, empolgados, enquanto ele fechava a porta do carro. Era como se embarcasse em uma máquina do tempo.

Quando cheguei em casa naquela noite, algumas crianças da vizinhança me disseram que Tiny havia tentado me ver antes de ir embora. Acharam o gesto muito importante. Mas fiquei triste com sua partida. Eu me esgueirei pela viela até a casa de tia Yue e espiei pela janela do quarto dele — agora escuro.

No caminho de volta, ouvi uma criança chorando. Sabia que só poderia ser o filho do pescador. Mais tarde, descobri que ele também não estava presente na despedida de seu xará.

A partida de Tiny para Hong Kong em um luxuoso carro era um acontecimento equiparável à chegada de um disco voador para levar um alienígena de volta ao seu planeta natal. Seu tempo em nossa pequena cidade não tinha sido nada mais do que um sonho. Ele era um viajante de outra época. Reassumi o posto de Imortal Descalço. Parecia que todos haviam esquecido da passagem de Tiny por nossas vidas. Tudo voltou a ser tão barulhento e sem sofisticação como antes.

A única pessoa que parecia não ter esquecido era o Tiny que ficou para trás, o que ainda morava em frente à minha casa.

Ele não tinha ninguém para levá-lo ao barbeiro, então tentou copiar sozinho o estilo honconguês do outro Tiny, cortando o próprio cabelo com uma tesoura. Também não tinha ninguém para quem se exibir, mas ainda perseguia os trabalhadores migrantes quando passava pela viela. E tentou recrutar cúmplices para seus ataques. Mas ninguém estava interessado.

Como não estava mais na escola, só havia um destino possível para Tiny: tornar-se pescador. E ele fez de tudo para evitá-lo. Acabou brigando com o pai e fugindo de casa. Reapareceu um mês depois, magro e faminto, e finalmente cedeu. Sua única condição era que o pai lhe comprasse uma motocicleta. O pai pensou um pouco e concordou, feliz por ver o filho novamente em casa e pronto para assumir os negócios da família.

Pescadores precisam levantar bem cedo para aproveitar a maré. Têm que sair por volta das 5h ou 6h. Todos os dias eu ouvia a motocicleta ganhando vida ao amanhecer. No caminho para lançar as redes, Tiny fazia um show à parte, acelerando pela viela com o pai na garupa. Seus dois irmãos mais velhos os seguiam, esbaforidos em suas bicicletas.

O dia se encerrava por volta das 15h ou 16h. Tiny estava mais bronzeado por conta do trabalho no convés. Deixava a pescaria do dia em casa e se mandava novamente. Ninguém sabia exatamente para onde ia, mas ouvi rumores de que gostava de subir a rodovia costeira a cem quilômetros por hora, gritando alucinadamente.

Quando passou pela minha casa, notei que seu cabelo estava ficando cada vez mais comprido. Perguntei-me se ele estava tentando se tornar o homem que o outro Tiny queria ser.

Não esperava que Tiny, o Honconguês, me escrevesse depois que se mudou. Fazia três anos desde sua partida e eu estava me preparando para a prova de admissão na universidade quando recebi sua carta.

No envelope, ele rabiscou sem muito esmero meu nome e o endereço da escola em que ambos estudamos. Felizmente, a senhora encarregada de receber a correspondência se dispôs a vasculhar os registros de alunos antigos e atuais até me localizar. Talvez o carimbo do correio de Hong Kong tenha ajudado.

Sua caligrafia não havia melhorado, mas percebi que ele começara a adotar os caracteres tradicionais usados em Hong Kong:

Caro Blackie!

Há quanto tempo.

Está tudo bem comigo em Hong Kong. Aqui é lindo, são muitos arranha-céus, venha me visitar se tiver tempo.

Como não falo cantonês, é difícil fazer amigos. Por favor, escreva-me quando puder. Não tenho com quem conversar.

Não estou mais morando naquele endereço, então escreva para o novo...

Apesar de suas palavras, eu sabia que não devia estar se divertindo. Não pude evitar imaginá-lo em uma sala de aula cheia de crianças com dentes brancos brilhantes e camisas brancas imaculadas olhando com desprezo para o colega vindo de uma província costeira. Fazia ideia dos apelidos pelos quais deviam chamá-lo pelas costas.

De repente, senti uma profunda tristeza por ele.

Peguei a carta e fui bater na casa em frente. Wuxi me recebeu e me levou até o filho, que estava curvado sobre seu violão. Naquela época, como os heróis das séries de TV honconguesas a que assistíamos tocavam violão, o instrumento se tornou uma moda passageira.

Tirei a carta de Hong Kong do meu bolso.

Tiny olhou para o papel por um momento. Parecia atordoado. Eu o estendi em sua direção, mas não houve reação.

"Ele escreveu uma carta para você?", perguntou.

Percebi que Tiny não escrevera para Tiny depois que partiu para Hong Kong.

Arrancou a carta da minha mão e a jogou na chama do fogão. Foi assim que acabei perdendo o endereço de Tiny em Hong Kong, queimado pelo Tiny local.

Então me dei conta de que fui muito imprudente.

Soube que minha relação com ambos estava arruinada para sempre: não poderia responder ao Tiny em Hong Kong, pois deixei o endereço ser destruído; e o Tiny, filho do pescador, achou que eu tinha lhe mostrado a carta para magoá-lo.

À medida que as provas de admissão se aproximavam, os professores de nossa escola pareciam cada vez mais alguém tentando nos vender um esquema de pirâmide.

"Pensem no seu futuro", diziam, "e parem de brincar. Chegará o dia em que vocês morarão na cidade grande e, ao saírem porta afora, estarão rodeados por arranha-céus — então essa será a hora de se divertir! Mas vocês ainda não chegaram lá". Eles nos davam exemplos de ex-alunos que entraram em universidades de Beijing e se estabeleceram lá. Poderiam ter acrescentado "e viveram felizes para sempre" ao final dessas fábulas de sucesso acadêmico e da maravilhosa vida na cidade grande.

Ninguém desconfiou de que Beijing não fosse a parada final do trem expresso para a felicidade. A classe inteira começou a se assemelhar a uma força expedicionária se preparando para sua batalha final. Alguns alunos se mudaram para os alojamentos estudantis, a fim de evitar qualquer distração que os impedisse de se dedicar integralmente aos estudos. Estudavam como monges em estado de meditação. Era como se todos nós tivéssemos embarcado em uma nave espacial, decolando rumo ao desconhecido em busca de uma galáxia mais avançada.

Fui um dos alunos que se mudaram para o alojamento antes do último sprint acadêmico. Terminadas as provas, voltei para casa e Mamãe me pediu que fosse ver como Tiny estava.

Em um de seus passeios de moto pela estrada costeira, ele sofreu um acidente, foi arremessado e caiu de cabeça. Já fazia uns dois meses, aconteceu enquanto eu me preparava para as provas. Tiny havia ficado em estado crítico, mas, quando o visitei, tinha se recuperado de forma milagrosa.

Em minha visita, eu o encontrei na cama. Os pontos já haviam sido retirados, mas a marca em sua testa ainda era visível. De início, ele pareceu surpreso em me ver, mas sorriu e disse: "Você me conhece. Eu me machuquei pra valer, mas consegui sair vivo. Assim que me recuperei do tombo, estava fora de perigo. Posso ficar com algumas cicatrizes, mas isso não vai prejudicar minha reputação com as pessoas com quem convivo."

Alguns meses depois, recebi convites de universidades distantes de nossa cidade natal e tomei a decisão de partir, seguindo o conselho de Tiny. Passei em sua casa para me despedir, mas ele já havia saído para pescar. Notei que a moto tinha ficado para trás. Devia estar esbaforido em sua bicicleta, como seus irmãos costumavam fazer.

Tiny se tornara o que jurou que jamais seria: um pescador local.

Perambulei por alguns lugares depois de me formar na universidade e acabei me estabelecendo em Beijing. Era uma cidade comparável à Hong Kong imaginária que ainda guardava em minha mente.

Já havia percebido que a capital não seria o "felizes para sempre" da minha história. Era só o começo!

Beijing era uma cidade enorme, fervilhando de vida humana e movida pela ansiedade. Cada vez que descia para o metrô lotado, tinha a sensação de ser engolido pelas entranhas da cidade. Eu me sentia pequeno e insignificante. A vida em minha cidade natal parecia mais intricada, mais alegre. Era um lugar mais humano.

Cheguei a sentir inveja de Tiny, o filho do pescador. Ouvi dizer que havia se casado, tido um filho e comprado um terreno para construir uma casa. Assim como o pai, ele construiu o que conseguiu e deixou um quintal nos fundos, onde mantinha um cachorro.

Enquanto isso, eu lidava com uma eterna dor no pescoço, constantemente estressado com o trabalho; e, quando voltava para casa, me deparava com um imenso vazio. Meu único consolo era ser um escritor que trabalhava para uma grande revista internacional e meus artigos rodarem o mundo.

Quando os amigos de minha cidade natal telefonavam, jamais suspeitavam que minha vida não era perfeita. Desempenhava meu papel e eles, o deles. Porém, quando desligava o telefone, o vazio rapidamente reemergia.

Certa noite, eu estava lendo os comentários em meu blog e me deparei com um que dizia: "Este é o Blackie mesmo? Aqui é o Tiny. Ainda estou em Hong Kong. Pode me ligar?" E deixou seu número.

Hesitei. Estava com medo de falar com ele. Não queria saber como Tiny estava — estivesse bem ou mal, eu estremecia só de pensar.

Algumas semanas depois, o trabalho inesperadamente me enviou a Hong Kong. Havia anotado o número de Tiny em um pedaço de papel antes de sair, mas ainda não sabia se ligaria.

Certo dia, após concluir meu trabalho, sozinho em meu quarto de hotel vazio, finalmente tive coragem de telefonar.

"Alô?", atendeu uma voz, emendando em cantonês, "Quem é?".

"É o Tiny?", perguntei.

"Quê?", eu o ouvi dizer. Parecia chocado por eu ter telefonado. "Blackie? É você?! Está em Hong Kong? Finalmente nos encontramos de novo, hein?"

Tiny ainda se lembrava da minha voz. E então eu soube o quão solitário ele devia estar se sentindo em Hong Kong.

Assim como da primeira vez que o vi, a convite de tia Yue, fiquei ansioso por encontrá-lo. Sentado em uma lanchonete, eu suava em bicas à sua espera. Fiquei imaginando como estaria. Chegaria com cabelos compridos esvoaçando ao vento? Ainda se vestia do mesmo jeito, com um brinco na orelha? Ele tinha total liberdade em Hong Kong para ter a aparência e a atitude que quisesse.

Assim que avistei Tiny, soube imediatamente que era ele. O corpo podia estar diferente, mas o rosto era o mesmo. Os cabelos estavam curtos; ele não usava brincos, mas as orelhas ainda eram furadas. Estava bem vestido, mas a mochila de lona que carregava parecia destoar.

Sorriu ao me ver, revelando os dentes manchados de tabaco. E me envolveu em um abraço.

"Por que você não me escreveu?", quis saber.

Não conseguia decidir se lhe contava a verdade. Concluí que não valia a pena tentar explicar.

Como sempre, Tiny estava preocupado em manter sua reputação e impressionar outras pessoas, então me convidou para um restaurante elegante em Mid-Levels, de onde teríamos uma bela vista noturna de Victoria Harbour.

Nós relembramos os velhos tempos, mas chegou um momento em que não consegui mais evitar a pergunta: "E aí, como vai você?"

"Eu? Estou trabalhando duro. Mas não como você, claro. Você fez uma carreira!"

"Trabalhando duro em quê?"

Ele ergueu o copo, parou, então deu uma gargalhada. Sua expressão era de alguém que anunciava uma importante decisão. "Instalo portas antirroubo."

Tiny começou a explicar que eram portas de aço fortificadas com vários mecanismos de travamento e que ganhava doze mil dólares honcongueses por mês.

Fiquei sem palavras. O silêncio entre nós ficou pesado. Comecei a entrar em pânico.

Tiny fez um grande esforço para manter a conversa fluindo. Ele me contou a verdade sobre a vida em Hong Kong, sobre como seus colegas o desprezavam, como nunca conseguira fazer amigos, como estava cansado de lá e como os negócios de seus pais haviam falido.

"Quer saber?", continuou. "Agora pensando em retrospecto, aquela pequena cidade era meu lar, mesmo que eu a menosprezasse na época." Ele sorriu com a própria observação. "Até isso é mero fruto de um desejo. Não tenho um lar."

Sabia que Tiny não estava me contando a história toda. Por que não tinha um lar? O que acontecera com seus pais?

Percebi que, por mais honesto que ele tenha sido, havia coisas que preferia não revelar.

Terminamos de comer por volta das 22h, e Tiny teve que correr para pegar o ônibus de volta para casa. Eu o acompanhei até sua parada.

Havia uma longa fila no ponto de ônibus, com homens vestindo terno e gravata baratos ou uniformes de empresas de reparos de utensílios domésticos e mulheres usando aventais de salões de beleza. Quando Tiny entrou no ônibus, fez uma pausa e se virou para me perguntar se eu gostaria de acompanhá-lo. Ele imaginou que, depois de tanto tempo afastados, seria bom ter mais algumas horas para colocar o papo em dia. "Podemos ficar conversando a noite toda!"

Pensei por um momento e entrei no ônibus.

A placa na frente do ônibus anunciava que o destino era Tin Shui Wai. Eu sabia o que aquele nome significava para as pessoas em Hong Kong. Enquanto passávamos pelos arranha-céus, ele descreveu o que era cada um deles. E me contou mais sobre sua vida nos últimos anos.

O ônibus saiu do centro urbano e seguiu em direção à periferia, onde as luzes se tornaram mais fracas e espaçadas.

"Estamos quase lá", anunciou Tiny.

O ônibus adentrou uma longa ponte suspensa.

"Esta é a ponte Tsing Yi, a mais longa ponte suspensa da Ásia. Eu a atravesso todos os dias."

"Ah, sério?", indaguei, assentindo educadamente.

Tiny olhou para a ponte e, então, comentou como se falasse consigo mesmo: "Eu estava em Hong Kong há três anos quando meu pai descobriu que tinha câncer. Era um carcinoma nasofaríngeo. Não havia como ele continuar trabalhando. Procurou desesperadamente um médico e um hospital que pudessem tratá-lo. Ainda estava esperançoso no início, mas meu irmão imaginou que acabaria mal. Então pegou todo o dinheiro que meus pais haviam economizado e fugiu. Tínhamos acabado de vender nossa casa para conseguir arcar com as despesas médicas, mas, para meu pai, acho que foi a gota d'água. Um dia ele dirigiu até esta ponte e pulou. Agora, para ganhar a vida nesta cidade, tenho que passar por ela todos os dias."

Fiquei perplexo. Não sabia o que dizer.

Tiny continuou, ainda falando em tom de desabafo aos próprios botões: "Esta cidade é nojenta. Assim que meu pai adoeceu, todos os seus amigos desapareceram. Quando ele morreu, minha mãe e eu éramos os únicos em seu funeral."

Ele riu baixinho consigo mesmo.

Abri minha boca na intenção de falar, mas não saiu nada. Tiny parecia saber como eu me sentia.

"Estou bem", completou. "Vou superar. Sabe, os jornais daqui fizeram uma ampla cobertura do caso. Ainda temos uma cópia do jornal daquele dia. Era a manchete principal da primeira página. Dá pra acreditar?" Ele se virou para mim e vi que estava sorrindo, embora seus olhos estivessem marejados.

O ônibus continuou o trajeto. A ponte parecia não ter fim. As lâmpadas que clareavam o vão passavam rapidamente pelas janelas, iluminando os rostos cansados dos passageiros, depois se apagavam e, em seguida, os iluminavam novamente.

Muitas das pessoas que voltavam para casa estavam exaustas o suficiente para adormecer. Haviam se levantado às 7h, passado maquiagem, vestido uniformes e tomado o ônibus para a cidade a fim de trabalhar como zeladores, lavadores de pratos, vendedores de eletrodomésticos ou cabeleireiras. Quando o expediente terminava, corriam de volta para o ônibus, iniciando sua longa jornada à periferia da cidade, a fim de se preparar para outro dia.

Elas faziam parte da cidade tanto quanto qualquer outra pessoa. Imaginávamos Hong Kong como um éden. Aquelas eram pessoas que presumíamos viver em um paraíso terreno. Tiny abriu a janela do ônibus e deixou que o vento soprasse.

De repente, lembrei-me do outro Tiny, em casa, em nossa pequena cidade. Ouvi dizer que tinha voltado a andar de moto.

Enquanto estávamos no ônibus, ele prepararia as redes para o dia seguinte e, então, subiria em sua motocicleta e voltaria para casa pela barragem. Ele tinha um lar, uma esposa e um filho. Tinha um cachorro preto que saía correndo ao ouvir o som da motocicleta e o recebia com a cauda abanando.

8

Wenzhan

Por volta dos onze anos, fiquei doente.

Não era uma doença grave, mas perdi toda a disposição de falar ou comer e só queria me isolar. Quando soube dos meus sintomas, o médico que procurei em minha pequena cidade foi desdenhoso, ou talvez simplesmente não conseguisse entender esse tipo de doença. Não era uma época de fartura, e paciência não era um luxo que alguém pudesse dispor. Minha doença era considerada nada mais do que mera indulgência.

"Deixe-o em paz por um tempo", orientou o médico. "Ele vai se sentir melhor logo."

Era o mesmo médico que tratou do meu gato e também da vaca que minha bisavó criava. O medicamento prescrito foi o mesmo para o gato e para a vaca, só modificando a dosagem. O gato morreu naquela mesma noite, mas a vaca conseguiu resistir mais um mês. Quando parecia que o fim da vaca estava próximo, Nana mandou chamar o açougueiro. "Se ela morrer sozinha, não podemos comer a carne." Por isso mandou chamar o açougueiro em vez do médico. Minha bisavó cambaleou pela cidade com seus pés de lótus, entregando pedaços de carne em uma cesta para parentes e amigos. Ela fez questão de ir até a casa do médico também. Sem nem esperar que Nana falasse, ele disparou: "Você deveria me agradecer. Se não fosse por mim, aquela vaca não teria vivido mais um mês."

Quando ouviu o que o médico havia me prescrito, Mamãe procurou meu pai e disse: "Acho que é mais sério, mas o médico não sabe a solução. Temos que fazer algo por nosso filho."

Papai era um homem de verdade, e isso significava não perder muito tempo pensando em soluções complexas. Cercar-se de amigos fazia com que se sentisse bem, então decidiu que a mesma receita poderia funcionar para mim: "Ele precisa de algumas crianças da idade dele para brincar. Encontre alguém."

No dia seguinte, minha mãe trouxe Wenzhan.

Foi a primeira vez que nos vimos.

Mamãe não dedicou muito tempo para avaliar Wenzhan.

Naquela época, todos os adultos da nossa cidade tinham um talento especial, que era conseguir comer segurando uma tigela de arroz em uma mão e equilibrando um pequeno prato, com alguns pedaços de mostarda em conserva ou um pouco de carne, no pulso. O objetivo era se mover durante a refeição; enquanto as mulheres se reuniam para fofocar, os homens se agrupavam em um canto e ficavam de cócoras comentando os próprios assuntos. No sábado em que conheci Wenzhan, minha mãe almoçou e foi para a casa de um de nossos vizinhos. Voltou trazendo o garoto, que morava na casa logo atrás da nossa. Ele era um ano mais velho do que eu e também era — Mamãe fez questão de frisar — "um ótimo aluno".

Não me lembro de como era seu rosto quando surgiu pairando sobre o meu. Só me lembro de ter dito "ah", cobrindo os olhos com o dorso da mão e voltando a dormir. Naquela época, eu costumava tirar uma soneca após as refeições. Quando acordava, ficava olhando fixamente para a parede até a hora de comer novamente e então dormia de novo.

Minha indiferença não deteve Wenzhan. Tenho uma lembrança dele me olhando e depois se virando para examinar o resto do quarto antes de sentar-se calmamente aos pés da minha cama. Havia algo ritualístico em sua vigília. Parecia um homem santo convencido de que a primeira tarefa em sua busca espiritual era me salvar ou me levar à iluminação.

Ele me cutucou e disse: "Levante-se. Vamos conversar."

"Não quero", respondi.

"Mas podemos conversar mesmo assim. Você quer passar o resto da sua vida deitado?"

Minha conclusão é fruto de minhas próprias observações, mas percebi que, quando as crianças atingem a idade de doze ou treze anos, palavras como "vida" e "sonhos" passam a ter um importante papel em seu vocabulário. Quando me deparava com esses termos significativos, sentia uma ansiedade subconsciente crescendo dentro de mim. Quando Wenzhan me fez essa pergunta, ela teve o efeito desejado. "Não há nada para falar", argumentei. "Não adianta ficar aqui me aborrecendo. Não estou interessado. Não tenho interesse por nada."

"É exatamente por isso que quero conversar com você", ponderou Wenzhan. "Estou aqui para lembrá-lo de que temos a oportunidade de seguir os nossos sonhos. Você é capaz de deixar tudo isso para trás."

Suas palavras fizeram com que me sentasse. Ele conseguiu cutucar exatamente o ponto que estava me incomodando. Achei que Wenzhan me entendia por enfrentar o mesmo problema. Eu estava crescendo em uma cidade sem uma única via pavimentada, apenas ruas de terra e vielas de paralelepípedos, e todas aquelas vias não pavimentadas eram condizentes com o restante da paisagem caótica. Naquela época, comecei a refletir sobre o que a vida me reservava. Ao imaginar que um dia seria como todos os adultos que conhecia, senti uma profunda desesperança.

Naquele tempo, eu não conseguia conceber minha pequena cidade como nada além de medíocre, então imaginei que meu futuro ali seria igualmente tacanho. Mas o que me fez sentar na cama foi a sinceridade de Wenzhan. Quando abriu os braços para enfatizar suas palavras, talvez tenha se imaginado uma águia voando nas alturas — magro como era, parecia mais um varal cheio de roupa molhada.

"Então", continuou ele, "temos que construir nossa própria vida". Cada palavra desse sermão foi gravada em minha memória. Na época, fiquei impressionado com o fato não só de haver alguém disposto a uma declaração tão ousada, mas que também a levava totalmente a sério.

Depois que Wenzhan terminou seu discurso, minha mente se esvaziou por alguns segundos, e vislumbrei uma vastidão, como uma planície estéril, como o mar aberto, como o céu infinito...

Olhei para ele, sentindo uma tontura repentina. Pensei um pouco e falei: "Preciso dormir. Volte amanhã! Aí podemos conversar."

Quando Wenzhan saiu, consegui focar meus olhos o suficiente para vê-lo melhor e notei que tinha um lábio leporino.

Fui visitá-lo no dia seguinte.

Após seu sermão, voltei a prestar mais atenção ao mundo ao meu redor. Estudei Wenzhan minuciosamente, observando a calça social mal-ajambrada e a camisa branca folgada que usava, ambas claramente herdadas de um irmão mais velho.

Seu peito magro parecia uma tábua de lavar roupa, mas ele insistia em manter os três primeiros botões da camisa abertos.

Pensei que talvez gostasse da forma como o tecido se movia com a brisa. Talvez lhe desse a sensação de que estava voando.

O que realmente me impressionou, porém, foi o lábio leporino, que dividia o lábio superior e retorcia sua boca em um ângulo específico.

Na minha infância, o mal — ainda que subconsciente — mais comum entre as crianças era atacar os defeitos físicos dos colegas. Elas rapidamente percebem os próprios defeitos e aprendem a escondê-los, sempre temendo que sejam descobertos. Esse medo da exposição as leva a um beco sem saída. Já havia testemunhado isso muitas vezes: crianças com algum defeito físico óbvio sendo ridicularizadas e marginalizadas dentro do próprio grupo. Elas desistem de seus sonhos. Acabam relegadas ao destino de nunca desfrutar da benesse de seus pares. Suas vidas são arruinadas para sempre por esse tipo de perseguição.

Wenzhan foi o único que conseguiu superar essa sina. Não pude deixar de admirá-lo.

Quando cheguei à casa dele, percebi que eu era apenas mais um dos muitos garotos da vizinhança que se reuniam ali todos os domingos. Quase metade dos meus vizinhos mais jovens estava espalhada pela sala de estar, como se esperasse que Wenzhan lhes concedesse uma audiência.

Durante seus passeios por nosso bairro, Wenzhan estava sempre à procura de crianças para conversar. Ele as convidava para sua casa e esperava que chegassem na hora marcada. Quando o grupo estava reunido, anunciava: "Daqui a pouco vamos descer até a praia para coletar mariscos." Então encarregava duas crianças de pegar algumas pás, designava outras duas para encontrar uma balança a fim de pesar os mariscos antes de vendê-los e enviava outras duas para buscar um par de varas de transporte. Os meninos eram organizados em regimentos que partiam da casa de Wenzhan. No caminho, ele mantinha a equipe entretida com uma longa conversa que incluía uma breve história de nossa cidade, bem como uma lenda sobre a fada-cobra branca que, supostamente, vivera na floresta perto da praia.

Nenhuma dessas atividades era especialmente incomum, mas a maneira como as crianças ouviam as instruções de Wenzhan era realmente notável. Aqueles garotos tinham sede de liberdade e ser capaz de liderá-los não era um feito qualquer. No entanto, notei que algumas das crianças não estavam muito interessadas e participavam sem muito entusiasmo.

Ainda que a empolgação não fosse unânime, ao vê-lo proclamar altivamente a programação do dia, com a fenda em seu lábio criando uma peculiar dificuldade na fala, me perguntei como ele fez com que tantos garotos da vizinhança o seguissem. Eu não conseguia conceber como fora capaz de se estabelecer no papel de líder. Aquelas crianças poderiam ter zombado dele ou se insurgido contra sua liderança, mas não o fizeram.

A razão por trás disso era que Wenzhan já operava em um plano superior ao delas, mas só percebi isso mais tarde. Sei que é uma explicação simplista, mas é a única capaz de justificar seu obstinado comprometimento com seu projeto.

Também ingressei no chamado Batalhão de Wenzhan (mais tarde rebatizado de Exército Descalço) e descobri que ele tinha planos para um projeto ainda maior do que seus esforços atuais.

As tropas de Wenzhan seguiam uma programação rigorosa. Nos dias de semana, os garotos se reuniam das 16h30, horário que as aulas terminavam, até as 18h, hora de ir para casa jantar; nos fins de semana, passavam o dia todo juntos.

Aos sábados e domingos, as tropas de Wenzhan saíam em missões de treinamento, que envolviam principalmente assar batata-doce, nadar, coletar mariscos e atividades do tipo. Durante a semana, os garotos faziam o dever de casa juntos e depois se divertiam com jogos de tabuleiro como Banco Imobiliário, damas, xadrez de batalha, *xiangqi* e *weiqi*. Não sei por que havia tantos jogos de tabuleiro em sua casa, mas Wenzhan tinha quase todos que podíamos imaginar.

Todavia, os jogos em si não eram a verdadeira atração — as reuniões eram movidas pelas conversas, sérias ou não, enquanto jogávamos. As conversas muitas vezes descambavam para momentos de vanglória frívola sobre o grande projeto que Wenzhan havia planejado.

"Ele será tão poderoso quanto o presidente Zhang!", disse um dos garotos.

"Talvez, mas, se ele conseguir, entrará para a história como o grande Mao", argumentou outro.

Pedi mais detalhes, na tentativa de descobrir exatamente o que Wenzhan planejava.

"Você nem entenderia", retrucou um dos meninos com desdém. "Vai ser gigantesco."

Por fim, não consegui mais me segurar e, quando todos já haviam saído, perguntei a Wenzhan. "Todo mundo está falando sobre este projeto", comecei com cautela, "mas o que é exatamente?".

Quando sorriu, seu lábio leporino empalideceu e ele pareceu ainda mais estranho. "Você quer ver?", perguntou.

Assenti.

"Não mostrei a eles ainda", revelou, conduzindo-me em direção ao seu quarto, "mas deixarei você ver".

Wenzhan dividia o quarto com o irmão mais velho, e dava para notar, pela rigorosa divisão dos lados de cada um, que o relacionamento deles não era exatamente harmonioso.

Ele puxou uma mala bege que estava debaixo da cama. Supus que era de sua mãe, que provavelmente a herdou da família ao se casar e ir morar na nova casa. Quando a abriu, vi que estava cheia de pilhas de papel cobrindo uma camada de livros.

Wenzhan removeu folha por folha e empilhou-as no chão. "Olhe para isso", falou com a voz suave. "Escrevi os principais eventos de cada ano da história chinesa e depois elaborei minhas tentativas de explicá-los... Venho trabalhando nisso desde os nove anos de idade. Todos os dias, após o jantar, escrevo um pouco mais. Acho que, se conseguir encerrar o primeiro milênio antes dos dezoito anos, posso me considerar bem-sucedido." Seu rosto assumiu um profundo tom carmim e imaginei os vasos sanguíneos pulsando sob suas bochechas.

Tive uma sensação estranha, como se vapor saísse pelo topo de minha cabeça e todos os meus poros estivessem abertos. Olhei para Wenzhan com olhos arregalados. Concluísse ou não seu projeto, achei que ele já era incrível.

Depois que Wenzhan me mostrou seu projeto, passei a visitá-lo diariamente. Obediente, eu participava dos jogos de tabuleiro com as outras crianças, mas era apenas um subterfúgio para ganhar tempo e obter mais informações. "Você vai trabalhar nele hoje?", perguntava eu, ansioso.

A reação de Wenzhan era sempre um sorriso sereno e, quando me encarava, seus olhos pareciam emanar um brilho sagrado. Senti como se testemunhasse o nascimento de um projeto memorável.

Sempre fui um bom aluno; porém, o projeto despertou em mim uma espécie de desespero para me destacar na escola.

Com certa facilidade, terminei o ano como o melhor da sala, mas isso não era mais suficiente para mim. Vivia em constante estado de ansiedade. Às vezes, eu sentia que mal conseguia respirar. Desejava alcançar o patamar de Wenzhan.

Eu tentava aproveitar todas as oportunidades para conversar com ele.

A princípio, Wenzhan me dizia para não me preocupar, que esperaria até que eu terminasse em primeiro da classe novamente para falar comigo a sério. Quando recebi as notas das minhas provas, fui visitá-lo. Senti certa satisfação com sua nítida expressão de surpresa ao ver meu sucesso acadêmico. "O que devo fazer agora?", questionei.

"Você tem que pensar na vida que deseja para si mesmo e, em seguida, descobrir um plano para realizá-la." E foram só essas as suas palavras. Ao que parece, ele me considerava o único qualificado para participar desse tipo de papo metafísico.

Talvez Wenzhan tivesse mantido tudo isso represado por muito tempo, à espera de uma chance de falar com alguém, pois naquela tarde ele deu um passo adiante. "Veja o meu exemplo", começou. "Quero me mudar para uma cidade grande, então preciso entrar em uma universidade ou talvez em uma escola técnica bem conceituada. Ingressar em uma escola de ensino médio de alto nível e depois na universidade não seria um problema, mas tenho que pensar nos custos. Meus pais são pobres. Acho que uma escola técnica seria o melhor lugar para mim. E não posso me esquecer de minhas notas nas provas. Elas não podem ser muito altas nem muito baixas, e acho que finalmente consegui descobrir uma forma de administrar isso. Mas mudar para a cidade é apenas o primeiro passo. Quando eu chegar lá, será para ficar, então preciso encontrar um modo de me destacar. É por isso que quero desenvolver minhas habilidades de liderança, para que talvez um dia eu possa liderar o sindicato estudantil. Essa é uma ótima maneira de começar a fazer contatos e ser notado pelas pessoas certas."

De repente, descobri outra peça do quebra-cabeça. "Todas as atividades em grupo de que participamos eram treinamento de liderança?", quis saber.

Wenzhan assentiu com orgulho. "E meu esboço da história chinesa é uma preparação para a redação da prova de admissão do ensino médio. Devo ser capaz de obter uma pontuação decente. Ouvi dizer que, mais adiante, o concurso público atribui bastante peso aos temas históricos, então acho que conseguirei marcar alguns pontos extras lá também."

Aquilo tudo me pegou desprevenido. Senti como se tivesse vivido de forma totalmente errada até então. Eu tinha sido muito ingênuo. "Também desejo uma vida assim", respondi. "O que preciso fazer?" O choque e o espanto me deixaram temporariamente prolixo.

"Você tem que encontrar seu próprio caminho", explicou Wenzhan calmamente. "Vou esperá-lo na cidade grande. Acredito em você." Ele deu um suave tapinha no meu ombro. Parecíamos dois generais em um daqueles programas de TV sobre a guerra contra os japoneses, provavelmente a inspiração para seu gesto.

Talvez Wenzhan não tenha percebido o que seu discurso provocou em mim. Eu estava completamente arrasado. Pelo resto das férias de verão, fui lançado no abismo da dúvida.

Enquanto brincava com meus amigos, me perguntava: "Para quê?" Quando pensava em terminar o ano como o primeiro da classe, me questionava: "Para quê?" Mamãe me mandava visitar meus avós uma vez por semana, e eu me indagava: "Para quê?" Não conseguia vislumbrar o sentido de nada daquilo — para que fazer algo se não havia um objetivo em mente?

Achava que ninguém tinha a resposta, exceto Wenzhan.

Naquelas férias de verão, ele parecia tentar reestruturar seu plano. Manteve seu batalhão de crianças em treinamento, mas reduziu a programação para apenas um encontro nas tardes de domingo. Naquela única tarde, Wenzhan fazia exercícios experimentais com suas tropas e o resto do tempo ficava trancado em seu quarto.

Minha depressão me levava a procurá-lo. Ele tentava me repelir. "Você tem que encontrar seu próprio caminho", repetia. "Não posso ajudá-lo a planejar sua própria vida."

Comecei a sofrer de insônia. Ficava acordado a noite toda, tentando achar uma luz por meio dos ensinamentos de Schopenhauer, Nietzsche e Kant. Segundo minha mãe, passei as férias de verão perambulando em estado de torpor.

Era nítido para qualquer um que minha doença havia reemergido e estava pior do que antes. Mamãe percebeu que apenas Wenzhan poderia me ajudar.

Ele finalmente cedeu e concordou em me ver de novo.

Adentrou meu quarto parecendo irritado. "Você sabe o que fez? Eu planejava fazer muitas coisas neste verão, mas, como você continuou me incomodando, só consegui terminar 80%. Estou me preparando para o ensino médio e isso é muito importante para mim. Você tem que prometer me deixar em paz."

Assenti, calado.

"Você precisa saber que é normal não ter um objetivo. Pouquíssimos jovens conseguem vislumbrar como será a própria vida. É preciso aceitar as coisas conforme elas acontecem. Esse é o melhor a fazer agora."

"Mas como é que você já conseguiu descobrir tudo isso?", perguntei.

Talvez essa pergunta tenha tocado em algo profundo dentro dele, pois de repente Wenzhan arregalou os olhos e assumiu a expressão de alguém que chegara a uma grande conclusão. Virou-se para mim e disse muito sério: "Porque tenho talento."

Ele fez uma pausa e pareceu se lembrar do motivo de sua visita. "Acho que você também é talentoso", emendou, "mas precisa parar de se preocupar tanto. Aceite as coisas como são. Faça o melhor que puder. E obterá a resposta um dia".

"Verdade?"

"Verdade."

Comecei a chorar. Por essa eu não esperava...

Após as férias de verão, Wenzhan foi para o ensino médio. Em suas palavras, ele estava se engajando na primeira importante batalha de sua vida. Nessa época, o governo anunciou uma nova política que pressionava as escolas técnicas de primeira linha a aceitarem apenas alunos excelentes, de modo que Wenzhan precisava garantir que suas notas nas provas permanecessem altas. Eu sabia o quanto isso seria difícil para ele.

Comecei a tentar evitá-lo. Eu me sentia tosco e estúpido a seus olhos. A velha ansiedade veio à tona.

No entanto, quando nos encontramos, ele foi inesperadamente amigável e me convidou para caminhar, atualizando-me sobre seus planos. "Acabamos de fazer o teste em nosso último módulo", explicou. "Tirei noventa da última vez, exatamente como tinha planejado, e desta vez só consegui um ponto a mais do que pretendia, então posso dizer que estou melhorando no controle de minhas notas."

Só consegui oferecer um sorriso.

"E quanto a você?", perguntou.

"Não sei. Estou tentando aceitar as coisas conforme acontecem. Vou me preocupar com as questões mais importantes quando chegarem."

"Não se preocupe", disse ele, em um tom encorajador. "Quando chegar a hora, você vai descobrir."

Eu não era o único que se sentia abandonado por Wenzhan. Talvez sua agenda estivesse muito atribulada ou talvez não fosse mais necessário aprimorar suas habilidades de liderança, mas ele havia reduzido seu tempo com o batalhão do bairro para uma hora aos sábados.

Os garotos recorreram a mim a fim de saber o que estava acontecendo.

"Acho que ele está sendo egoísta", concluí. "Talvez tenha decidido que não precisa mais de nós." Até eu fiquei chocado com minhas palavras. Percebi que meu encantamento por Wenzhan não era absoluto. Notei que havia começado a odiá-lo.

Um pensamento rondava minha mente: como seria o fracasso para Wenzhan?

Não esperava obter uma resposta tão rapidamente. Mamãe era minha fonte de informações privilegiadas, e um dia ela chegou em casa com a notícia de que o estresse das provas estava provocando fortes dores de cabeça em Wenzhan. Suas notas nos testes estavam em constante declínio, ele não conseguia dormir e seu cabelo começou a cair aos tufos. "Os pais dele estão preocupados", explicou minha mãe. "Você deveria visitá-lo. Leve alguns de seus outros amigos também."

"Ele não precisa de nós", retruquei. "Não há nada que possamos fazer. Ele pode cuidar de si mesmo." Ao dizer que Wenzhan não precisava de nós, minhas palavras podem até ter nascido da raiva, mas era verdade: não havia mais nada que pudéssemos fazer por ele.

Certo dia, resolvi conversar com Wenzhan a caminho da escola. Era evidente que ele estava em um estado delicado. Quando tentei consolá-lo, interrompeu-me, dizendo: "Ah, então agora você acha que pode me dar conselhos?"

Talvez seu objetivo fosse usar um tom frio e condescendente, mas a tensão e o lábio leporino fizeram com que sua voz saísse estridente e nasalada.

Diz a lenda que nossa cidade no sul de Fujian foi colonizada pela primeira vez durante a Dinastia Jin, um reino que reunificou a China após o período dos Três Reinos. Algumas tradições remontavam a essa época, dentre elas uma cerimônia para estudiosos de destaque realizada no Festival das Lanternas. Nos dias mais atuais, era o Comitê de Educação da cidade que distribuía os prêmios em reconhecimento aos melhores alunos das escolas locais.

Nos anos anteriores, Wenzhan sempre terminara em primeiro lugar em sua faixa etária. Eu me saía bem, mas sempre havia uma guerra entre os três melhores alunos da minha idade, todos lutando pelo primeiro lugar. Com minha depressão e ansiedade, caí para o sexto lugar e nem queria me dar ao trabalho de aceitar meu prêmio. No entanto, Mamãe insistiu que eu fosse com um incentivo: "Deixo você ficar com o dinheiro do prêmio." Achei que poderia comprar dois gibis com os cinquenta yuans que receberia, então criei coragem e fui à cerimônia.

A cerimônia de premiação ainda seguia alguns princípios do antigo sistema. Começava com ilustres acadêmicos locais lendo a lista de doadores. Eles anunciavam os nomes em um tom solene e orgulhoso, com acenos de cabeça enfáticos. Em seguida, davam início — mantendo o mesmo tom — à leitura da lista de premiados. Os nomes eram anunciados em lenta progressão, começando pelos alunos mais jovens até os mais velhos, e os bônus de premiação aumentavam com a idade.

Eu costumava adorar a cadência e o tom com que os distintos cavalheiros liam os nomes. Tinha uma sensação de importância por ser incluído na lista. Mas naquele dia eu estava ansioso demais para desfrutar o momento. Andei nervosamente, observando os alunos serem chamados ao palco para receber o prêmio. Quando chegaram à faixa etária de Wenzhan, fiquei surpreso ao não ouvir seu nome.

Meu coração começou a acelerar. Corri para casa o mais rápido que pude, carregando o dinheiro do prêmio. Assim que cheguei, informei sem fôlego à minha mãe o que havia acontecido: "Wenzhan não foi chamado. Ele não estava na lista. Acho que não se saiu bem nas provas. Ele fracassou!"

"Como assim? Você está falando de Wenzhan! Isso é impossível."

A notícia da ausência de Wenzhan na lista de alunos excelentes começou a circular entre as crianças da vizinhança.

Todos chegaram à mesma conclusão: era impossível que ele tivesse reprovado nas provas, então devia ter algum tipo de ressalva administrativa que o tornou inelegível.

Fomos procurar Wenzhan, esperando que pudesse confirmar nossa teoria, mas ele estava passando as férias de inverno em confinamento autoimposto.

No passado, Wenzhan havia dado ordens estritas a seus pais para que mantivessem uma política de portas abertas, então nunca tivemos problemas para vê-lo. Mas a porta de sua casa permaneceu fechada durante as férias de inverno. Ficamos do lado de fora, batendo na porta e gritando para ele sair, e sua mãe apareceu para nos informar sobre as novas ordens do filho: "Ele está estudando. As provas de admissão para o ensino médio estão chegando. Ele não tem tempo para brincar."

O Batalhão de Wenzhan se dissolveu lentamente. Novos grupos foram formados, com duplas e trios dissidentes. Tentei me manter afastado de qualquer travessura que estivessem aprontando. Decidi que seria melhor ficar em casa. Quando fiquei entediado, comecei a escrever histórias. E, ao terminar, li as histórias para mim mesmo.

Mamãe estava preocupada comigo. Eu a ouvi comentando com alguém: "Talvez ele esteja esgotado depois de tantos deveres de casa." E então ela revelou sua verdadeira preocupação: "Veja o que aconteceu com aquele vizinho, Wenzhan. Ele acabou virando um esquisitão."

Com o medo do esgotamento a assombrando, a solução de Mamãe para o meu problema foi me manter fora da escola por meio semestre e me mandar para Ningbo, onde meu pai estava trabalhando nos barcos.

Naquela época, Ningbo parecia uma gigantesca metrópole comparada à minha pequena cidade. Eu fiquei hospedado em um hotel no bairro de Old Bund, a área da cidade portuária que foi inicialmente aberta aos mercadores estrangeiros. Conheci crianças da cidade e senti o gosto do ar urbano pela primeira vez. Não levei muito de Ningbo ao ir embora, mas consegui deixar para trás muita bagagem trazida de casa.

Quando finalmente voltei para casa, era véspera dos exames finais, e os alunos do último ano do ensino fundamental estavam se preparando para fazer o teste que decidiria qual escola de ensino médio iriam frequentar.

Comecei a me preocupar com Wenzhan novamente. Eu estava tentando colocar em dia os trabalhos escolares que havia perdido, mas arranjei um tempo para visitá-lo. Queria entregar um cartão-postal que comprei para ele em Ningbo. Achei que pudesse ter um efeito apaziguador e talvez o encorajasse a seguir seu sonho de deixar nossa pequena cidade rumo à cidade grande.

A porta de sua casa ainda estava fechada.

Passada a época das provas de admissão para o ensino médio, era hora de eu enfrentar minha tortura pessoal, os exames finais. Em seguida, viriam as férias de verão.

Depois que voltei de Ningbo, minha casa se tornou um ponto de encontro para as crianças da vizinhança. Elas queriam ver tudo que eu trouxera de lá e saber como era a vida na cidade grande.

No início, apreciei a aura de sofisticação que minha viagem me proporcionou, mas acabei me cansando de responder sempre às mesmas perguntas. Não consegui evitar o pensamento: para que bajular alguém só porque ele visitou uma cidade? Tentei falar com Wenzhan, mas a porta ainda estava fechada.

No meio das férias de verão, perdi a paciência com as perguntas sobre Ningbo. Afugentei meus interrogadores e me tranquei no quarto. Comecei a tentar escrever histórias novamente.

Certa tarde, durante minha soneca, ouvi Mamãe conversando com alguém no cômodo ao lado. Não sabia quem era, mas a voz exalava excepcional impetuosidade. Fiquei curioso o suficiente para sair da cama e dar uma espiada. Era Wenzhan.

Ele entrou no meu quarto e ergueu as mãos. "Eu consegui", anunciou. "Entrei em uma escola profissionalizante em Fuzhou. Passei raspando. Mas calei a boca de todo mundo — todos que duvidaram de mim."

Achei que Wenzhan estava sendo um pouco extremo, mas, ainda assim, fiquei empolgado por ele. Não me importava se estava se mudando para a cidade grande ou algo assim; fiquei feliz por ele ter voltado à vida.

Wenzhan ainda desejava planejar sua vida futura e estava ansioso para viver na cidade grande. "Você vai comigo até o Comitê de Bairro?", perguntou, de repente assumindo um tom solene. "Tenho que transferir minha residência daqui para Fuzhou."

Concordei em acompanhá-lo. Ele parecia querer me consolar pela preocupação que senti desde que ficou de fora da lista de alunos excelentes. "Quando estiver em Fuzhou, escreverei para você toda semana. Contarei tudo sobre minha vida. Sei que, algum dia, conseguirá chegar à cidade grande também."

Eu sabia que deveria assentir demonstrando alegria, mesmo que o sentimento não fosse verdadeiro.

No dia de sua partida para a cidade grande, Wenzhan subiu a bordo de um trator dirigido por um amigo de seu pai e, mais uma vez, assumiu o posto de garoto exemplar da comunidade. Os pais choraram de gratidão imaginando o futuro brilhante de seu filho. Um tio distante, irmão mais velho do pai, compareceu com toda a família, parabenizando o sobrinho e dizendo: "Sei que você terá sucesso, mas quero que se lembre de fazer o seu melhor para cuidar dos meus filhos — afinal, são seus primos."

Wenzhan já parecia um herói egresso, embora nem tivesse partido. Despediu-se de cada um dos que compareceram para assistir à sua partida.

Pouco antes de o trator seguir viagem, ele se virou para mim e gritou: "Estarei à sua espera, Blackie!"

Acenei enquanto o trator se afastava. Fiquei orgulhoso por Wenzhan ainda ter esperança de que um dia nos reencontraríamos na cidade grande.

Ele cumpriu com sua palavra, e a primeira carta chegou uma semana após sua partida.

Escolhera cuidadosamente um envelope e selo comemorativos de Fuzhou e escreveu a carta em papel timbrado da escola.

Contou suas primeiras impressões da cidade e revelou seus planos. Seu primeiro objetivo era fazer um levantamento a fim de descobrir como "a cidade flui e cresce", mapeando as principais ruas de Fuzhou e, depois, passando às secundárias.

Na carta seguinte, Wenzhan relatou que estava prestes a iniciar uma semana de treinamento militar. Segundo ele, serviria para testar sua força de vontade, pois era uma forma de "inteligência muito útil". Ele me disse que entre seus pontos fortes pessoais estavam a força de vontade e a determinação, por isso achava que seria uma boa maneira de conquistar o respeito de seus colegas de classe.

A terceira carta não chegou tão rápido quanto as duas primeiras. Concluí que devia ser por causa do treinamento militar.

Quando a carta finalmente chegou, Wenzhan parecia exausto. Não comentou nada em especial sobre o treinamento militar. Em vez disso, limitou-se a relatar: "Meu lábio leporino se tornou o foco dos ataques cruéis de alguns dos meus colegas mais incultos. É a isso que recorrem, pois percebem que não podem me vencer de outra forma. Eu me recuso a descer ao nível deles. Se me mantiver superior, sei que um dia eles aprenderão a me temer e talvez até a me reverenciar."

Não houve uma quarta carta.

Passadas algumas semanas, comecei a ficar um pouco preocupado. Resolvi ir até a casa dele para ver se sua família tinha notícias. O irmão mais velho atendeu à porta. Enquanto Wenzhan perseguia seus sonhos na cidade grande, o irmão abandonou a escola. Ele sempre pareceu o avesso de Wenzhan. Desistiu dos estudos sem ter um plano alternativo e não conseguiu encontrar um emprego, então vivia à custa dos pais.

"Você tem alguma ideia de como está Wenzhan em Fuzhou?", perguntei. "Eu esperava uma carta dele, fiquei preocupado de que pudesse estar com problemas."

"Não falo com ele", respondeu o irmão. "Você sabe como ele é — não quer nem ouvir falar de mim. Pelo que soube, está passando por um momento difícil. Ficam zombando de seu lábio leporino. Parece que arrumou uma briga. A escola queria que meus pais fossem até lá para uma reunião, mas eles não querem pagar pela passagem."

Corri para casa a fim de escrever uma carta para Wenzhan. Tentei encontrar uma forma diplomática de saber o que estava acontecendo e perguntei vagamente se ele havia enfrentado algum desafio específico na escola. Achei que dessa maneira ele poderia se abrir.

Recebi uma resposta três semanas depois. Era bem sucinta: "Não se preocupe comigo. Enfrentei alguns desafios, mas isso já estava previsto. Devo conseguir resolver tudo antes do final do semestre. Posso não ter tempo para lhe escrever com a mesma frequência, mas estou ansioso para vê-lo nas férias de verão."

No entanto, Wenzhan estava de volta antes do início das férias. Ele me disse que o curso era muito básico, então decidiu tirar uma folga.

Todos os ex-membros do Batalhão de Wenzhan foram visitá-lo para prestar suas homenagens. Eles queriam saber sobre a vida fora de nossa pequena cidade. A princípio, Wenzhan ficou feliz em atendê-los e contava exuberantes histórias da vida na cidade grande. Mas, depois de uma semana, ele se trancou em casa novamente.

A justificativa de sua mãe para as crianças que batiam à porta era: "Wenzhan não acha que vale a pena passar o dia todo falando com vocês. Ele quer ficar sozinho. Está trabalhando em um grande projeto."

Mesmo que não houvesse mais ninguém com quem ele quisesse falar, imaginei que ainda poderia pensar que eu merecia seu tempo.

Quando todas as crianças da vizinhança desistiram de Wenzhan, bati em sua porta. Não desejava especular sobre a vida em Fuzhou. Senti que algo de estranho estava acontecendo com ele e queria descobrir o que era. Achei que talvez tivesse sido acometido pela mesma doença que já me confinara à cama.

Wenzhan ainda estava disposto a me receber, ao contrário do que fizera com as outras crianças. Tentou dominar a conversa, mas parecia sem fôlego. Um adolescente magricela que ofegava ao falar, ele me deu a impressão de que escondia algo grave.

Planejei a conversa com antecedência. Decidi que lhe pediria um conselho, pois sabia que isso o deixaria mais tranquilo. Tentei conversar sobre a minha prova de admissão para o ensino médio, que aconteceria no ano seguinte, e as provações que eu enfrentava na preparação. Contei a ele que meus pais desejavam que eu fosse para uma escola de formação de professores e arranjasse um emprego como professor de ensino fundamental. Segundo eles, seria uma "vida simples e confortável". Tudo o que eu queria era ir para o ensino médio e depois para a universidade, com o objetivo de viver fora de nossa pequena cidade.

Como eu planejara, Wenzhan mordeu a isca e começou a me dar sugestões. Ele me alertou para ficar longe do treinamento de professores. "Uma pequena cidade como esta suga a sua vontade de viver", argumentou. Achou que seria melhor que eu fosse para a universidade e começasse a me preparar para a vida fora da pequena cidade. "Quando você se mudar para a cidade grande, perceberá como as pessoas aqui são vulgares e grosseiras. Acabará odiando este lugar. Esta é a cidade em que cresceu, mas tudo o que fará por você é arrastá-lo para baixo." Seu tom era muito sério.

Não tive coragem de perguntar sobre o problema que enfrentou em Fuzhou. Pretendia pedir uma sugestão de como lidar com pessoas que zombam de nós. Para falar a verdade, daquele dia em diante, me afastei totalmente. Wenzhan era como um homem se afogando, e eu estava preocupado que, se me aproximasse demais, ele me puxasse para o fundo.

Quando chegaram as férias de inverno, fui à cerimônia para ouvir a leitura solene da lista de alunos com futuro promissor. Como sempre faziam, os acadêmicos leram os nomes de todos que prestaram a prova de admissão do ensino médio ou de escolas profissionais e lhes entregaram prêmios. O nome de Wenzhan estava estampado em uma faixa pendurada na porta do corredor. No entanto, ele não compareceu.

Mais uma vez, as pessoas ficaram aflitas e curiosas sobre Wenzhan, mas eu nem me dei ao trabalho de visitá-lo.

Não sabia o que estava acontecendo com ele, se era a mesma doença que me abatera antes ou qualquer outra coisa, mas eu temia que acabasse contagiado.

Meu medo era que, assim como Wenzhan, eu passasse a odiar o lugar que havia me moldado e a me ressentir das pessoas que me criaram.

Ele foi embora mais tarde naquele ano, mas eu não sabia ao certo para onde. Quando as férias de verão chegaram novamente, ele ainda não tinha voltado, mas eu nem notei. Mesmo tendo crescido a apenas algumas casas de distância, já vivíamos em mundos diferentes.

Quando encontrei sua mãe, ela me contou: "Wenzhan quer ficar na cidade grande. É nisso que está trabalhando. Ele me disse que espera nunca mais voltar aqui."

Às vezes, quanto mais você tenta rejeitar alguém ou algum lugar, mais se torna inextricável e perversamente ligado a ele. Você luta tanto para escapar do que lhe causa ressentimento e repulsa que acaba exausto, afundando cada vez mais. Eu estava tentando entender o que motivou Wenzhan. Tentei imaginar que tipo de vida ele levava na cidade grande.

No meu terceiro ano do ensino médio, Wenzhan ainda estava completamente ausente da minha vida. Quando eu estava escolhendo possíveis universidades antes da prova de admissão, decidi que queria revê-lo. Não tinha certeza de como me sentia em relação a ele. Acho que, para mim, ele representava o tipo de pessoa que veio de uma cidade pequena como a nossa. Talvez houvesse algo de puro em sua ambição. Talvez eu carregasse o mesmo sentimento dentro de mim. Talvez eu tivesse contribuído para gerar essa motivação em Wenzhan.

Ele continuou distante de nossa pequena cidade. Ligava uma vez por ano, durante as comemorações do Ano-novo. Limitava-se a dizer aos pais que estava perseguindo seus sonhos. Os pais, no fundo, ainda tinham esperanças de que ele algum dia regressasse triunfante para casa. Enquanto isso, seu irmão mais velho estava "ocioso", como diria Wenzhan. Viveu à custa dos pais por um tempo, então se casou jovem, antes do vigésimo aniversário, e teve um filho logo depois. Ele era um daqueles "pais inúteis" que Wenzhan tanto odiava, mas construiu uma vida confortável em nossa cidade natal.

Quando fui para a universidade e comecei minha "vida na cidade grande", conheci muitas pessoas que me lembravam de Wenzhan. E elas também costumavam tagarelar sobre seus planos para o futuro. O sucesso acadêmico inicial lhes deu confiança, e elas esperavam sair do ensino fundamental e médio rumo a um futuro brilhante. Sempre fui capaz de detectar os leves traços da educação rural, como se o aroma de seu solo nativo estivesse impregnado nelas. Nunca eram tão sofisticadas quanto seus pares da cidade, mas eram honestas e diretas. Isso significava que ninguém jamais percebia como eram ambiciosas e astutas — tanto quanto qualquer pessoa criada na cidade grande. Depois que cheguei à cidade grande, muitos de meus amigos se enquadravam nessa categoria. Eu os tratava como uma iguaria local acrescentada a um banquete da metrópole. Fiz algumas amizades, mas eu sabia que não era exatamente como eles. Eu não era o tipo de pessoa que conseguia ver o panorama geral. Preferia encarar meus dilemas conforme se apresentavam, trabalhando cada vez mais para uma vida melhor. Não queria transformar minha vida, mas lentamente, pedacinho por pedacinho, torná-la algo que valesse a pena ser vivido.

Esses homólogos de Wenzhan, sempre que ficavam empolgados, começavam a levantar a voz, sem perceber, até quase berrar. Wenzhan era assim. E eles me lembravam de meu amigo de infância com lábio leporino. Ao me sentir engolido pela multidão da cidade grande, muitas vezes me surpreendia imaginando como estaria Wenzhan.

Quando concluí a universidade, consegui um emprego como repórter. Não conseguia pensar em nada mais maravilhoso do que ser incumbido de descobrir o que tornava as pessoas especiais. Quanto mais alto eu galgava em minha carreira, mais ampla era a plataforma ao meu dispor e maior era a liberdade para conhecer pessoas. Fiquei completamente envolvido em tudo isso e, sem me dar conta, acabei em Beijing.

Quando deixadas livres, as pessoas voltam a ser o que sempre foram. Ao me estabelecer em Beijing, minha primeira missão foi visitar o Parque Jingshan e comprar uma passagem para subir a colina que se debruça sobre a cidade. Durante o trajeto, tentei adivinhar o que Wenzhan pensaria se estivesse ali no meu lugar. Talvez se imaginasse como um herói conquistador, com a cidade esparramada a seus pés, como antes visualizava seu futuro. Eu era mais ambivalente: sabia que gostaria de ter uma ampla plataforma em um emprego em Beijing, mas tinha dúvidas se obteria alguma satisfação real da vida na cidade grande.

Quando cheguei ao ponto mais alto do parque, senti vontade de telefonar para Wenzhan. Eu tinha conseguido seu número na minha última viagem para casa. A mãe dele sempre fazia questão de me visitar durante o feriado de Ano-novo para me manter atualizado das informações de contato mais recentes de Wenzhan. Ela sempre me aconselhava: "Ligue para ele quando tiver tempo." Eu sabia que estava preocupada com o filho, embora não externasse suas inquietações. Acho que, para ela, expressá-las em voz alta podia significar a materialização de seus medos mais sombrios.

A ligação foi completada. Wenzhan atendeu animado: "Diga, irmão! Quem é?" A dificuldade na fala provocada pelo lábio leporino não era mais perceptível. Ao que parece, ele havia superado sua deficiência mais uma vez.

Eu estava prestes a falar, mas algo me fez desligar. Algo na maneira como ele atendeu ao telefone me desconcertou. Parecia um empresário piegas. Não sabia o que dizer ao novo Wenzhan.

Talvez Wenzhan soubesse que eu havia perguntado à sua mãe sobre ele, ou talvez apenas tenha adivinhado que era eu, mas, uma semana depois do telefonema abortado, recebi uma carta, enviada para o endereço indicado em meu blog.

Ele elogiou efusivamente o que chamou de minhas "realizações". E continuou: "Você é o único de nossa cidade que acabou em Beijing. Também ouvi dizer que trabalha para uma grande empresa." Mencionou que vira alguns de meus artigos e ofereceu sua crítica. Contou que estava se preparando para um grande projeto que finalmente calaria a boca de todos que o desprezaram. Assim que concluísse esse último projeto, finalmente seria capaz de erguer a cabeça com orgulho.

Pensei muito no que diria e acabei escrevendo: "Ninguém menospreza você. Já se passou muito tempo desde que o viram pela última vez. Você devia voltar para o feriado de Ano-novo. Poderíamos reunir todo mundo, como nos velhos tempos."

Até partir para a cidade grande, eu não sabia o quanto sentiria falta da minha cidade natal. Depois que me estabeleci em Beijing e obtive recursos financeiros, tentava tirar o máximo de folga do trabalho para retornar no feriado de Ano-novo e em outras festividades locais. A rua ao lado da minha casa já havia sido pavimentada algumas vezes desde que me mudei. O antigo bairro fora transformado inúmeras vezes; não era mais uma paisagem urbana uniforme de pedra e tijolo. Minha casa havia sido reformada e agora tinha quatro andares. Meu quarto ficava no último andar e o de Wenzhan era visível da varanda. Ao longo dos anos, a casa de sua família permaneceu inalterada. Nas visitas à minha cidade natal, eu costumava me sentar à minha mesa e olhar para a casa e para o quarto escuro de Wenzhan.

Ele não respondeu à minha carta e não voltou para casa no feriado de Ano-novo. Eu não esperava que me contatasse novamente. Mas decidi me reconectar com meus ex-companheiros de brincadeira. Decidi que seria uma boa ideia entrevistá-los.

Alguns já haviam se casado e tido filhos. Um deles me contou como era administrar uma loja no mercado noturno. Outros me falaram do trabalho como pescadores — e recuaram constrangidos, perguntando se podia sentir o cheiro neles. Um havia aberto uma fábrica de roupas e tinha uma renda decente. Ele me levou para jantar e se gabou da idade do mao-tai que me obrigou a beber. Até que me puxou para perto e disse em um tom afetuoso: "Ainda somos irmãos, certo? Se você não me desdenhar por ter ficado aqui, não vou desprezá-lo por ser um pobretão. Vamos tomar outra dose?"

Percebi que minha proposta para Wenzhan de reunir a antiga turma era irremediavelmente ingênua. Todos haviam seguido em frente. Cada um levava a própria vida, em seus próprios mundos. Era difícil reunir pessoas de diferentes estilos de vida, mesmo que já tivessem sido amigas. Eu sabia que só voltariam a conviver muitos anos depois, quando a velhice eliminasse todas as diferenças entre eles. Quando se é velho, todas as outras identidades parecem se apagar.

Pouco depois que retornei a Beijing, minha mãe me ligou para dizer que o pai de Wenzhan morrera de AVC. "Wenzhan compareceu ao funeral e eu nem o reconheci. Parecia frágil e sua pele estava bronzeada, os cabelos, caindo; não quis falar com ninguém", contou. Um mês depois, Mamãe telefonou novamente para dizer que Wenzhan havia conseguido um emprego em nossa cidade natal. "A mãe dele queria que ele ficasse", explicou, "ou pelo menos foi o que ouvi. Ela conseguiu um emprego para ele na estação de rádio local. Ele vai ser eletricista, mas vão deixá-lo editar algumas coisas também".

Quando soube que Wenzhan voltara em definitivo, comecei a tentar arranjar uma desculpa para ir para casa. Eu não podia dizer ao meu chefe — nem à minha mãe — que retornaria apenas para ver um amigo de infância.

Quanto mais tentava arranjar um motivo, mais desesperado eu ficava. Acabei postergando a viagem por um ano inteiro e me preparei para voltar para o feriado de Ano-novo.

Um mês antes de minha partida, comecei a imaginar como seria rever Wenzhan. Tentei decidir se lhe daria um aperto de mão educado ou se o puxaria para um abraço, como teríamos feito quando ainda éramos amigos próximos.

Eu sabia que não seria fácil, já que havia se passado mais de dez anos desde a última vez que nos vimos. Dizem que todas as células do seu corpo são totalmente substituídas a cada dez anos, o que significava que éramos basicamente outras pessoas. Parti de Beijing para minha cidade natal o mais cedo que pude, mas não fui ver Wenzhan de imediato. Imaginei que, por morarmos tão perto, eu acabaria trombando com ele. Achei que era melhor do que bater em sua porta.

Exatamente como esperado, alguns dias após minha chegada, eu o avistei subindo a viela. Achei que estava indo para casa. Gritei: "Wenzhan!" Acenei animadamente, e ele olhou na minha direção e pareceu me ver, mas continuou andando e entrou em uma rua menor que saía da viela. Perguntei à Mamãe a que horas Wenzhan saía do trabalho e, com a desculpa de que ia "dar um passeio", fui vigiar a viela. Ele apareceu bem na hora, e repetimos o mesmo procedimento: eu acenando; ele olhando em minha direção e dobrando a rua.

Eu sabia que Wenzhan estava me evitando, mas não tinha certeza do porquê.

Com o fim do feriado se aproximando rapidamente, eu sabia que teria que bater à sua porta.

A casa dele ficava a apenas quinze ou vinte metros da minha, bastava dobrar à direita e caminhar uma curta distância pela viela. A porta ainda era a mesma; os sons dos meus dedos batendo, também. "Wenzhan está em casa?", gritei.

"Quem está aí?", perguntou sua mãe do outro lado da porta.

"Sou eu. Vim ver Wenzhan."

A porta se abriu. A mãe de Wenzhan sorriu calorosamente. "Ele está no quarto. Você conhece o caminho."

Claro que sim.

Embora eu não entrasse na casa dele havia mais de uma década, parecia que nada tinha mudado. A casa ainda combinava com a imagem borrada gravada em minha memória, mas, ao prestar mais atenção, percebi que não era exatamente como eu me lembrava. Parecia menor, pensei. As paredes estavam manchadas, tudo parecia gasto e havia um cheiro de mofo no ar.

Quando cheguei ao quarto de Wenzhan, encontrei a porta fechada. Bati e ele abriu.

Estava exatamente como minha mãe havia descrito: magro, bronzeado, com o cabelo ralo. Mas algo mais havia mudado nele, algo abaixo da superfície. Ele estava curvado, e seus olhos eram pequenas fendas, o que o deixava com uma aparência cansada e defensiva ao mesmo tempo. A expressão fria não parecia uma indiferença calculada, mas uma apatia real.

"Quanto tempo, Wenzhan!" Tentei conversar com ele como se o período que ficamos afastados não fosse muito diferente dos intervalos de uma ou duas semanas que passávamos distantes quando crianças.

Ele pareceu surpreso ao me ver. E apenas me encarou.

Por um momento, também fiquei atordoado, em silêncio. Não sabia se devia me aproximar para abraçá-lo, mas sua atitude e expressão revelavam que aquele não era o mesmo Wenzhan que eu conhecia. Era como se a vida o tivesse reduzido a algo inferior. Ainda havia vestígios do velho Wenzhan aqui e ali: a inclinação de suas sobrancelhas, alguns traços reminiscentes em seu rosto — ainda era ele em algum lugar dentro daquele corpo.

Wenzhan deu o primeiro passo em minha direção. Ele não apertou minha mão nem me abraçou, apenas apontou para uma cadeira. "Sente-se", disse friamente.

Ainda estava claro lá fora, mas as cortinas do quarto estavam bem fechadas e uma lâmpada amarela iluminava o ambiente, dando a tudo o tom sépia de uma fotografia antiga.

Procurei mais vestígios do meu antigo amigo. O velho Wenzhan era a pessoa que eu fora visitar. Era com ele que eu queria falar. "Seu quarto ainda é o mesmo, hein? E aquela mala? Você tinha mil anos de história escrita lá."

"Colocamos as roupas velhas do meu pai nela. Foi cremada com ele."

"Sinto muito", afirmei.

E me calei.

"Eu achava aquilo um trabalho realmente incrível", continuei.

"Ah, aquela velha porcaria? Levei tudo comigo para Fuzhou, mas acabei jogando no lixo."

"Que pena", respondi. Eu não sabia mais o que dizer.

Nós dois ficamos em silêncio por um longo tempo. Talvez ele tenha percebido que eu o visitara com boas intenções, então tentou puxar um assunto. "Estou trabalhando na emissora. Eles leram alguns de seus artigos na rádio."

"Foi ideia sua? Não sou exatamente um autor famoso." Achei que um pouco de autodepreciação poderia aliviar o clima.

Comecei a lhe contar sobre minha experiência em Beijing e como era difícil ganhar a vida.

Inesperadamente, Wenzhan ficou calado. Esperava que ele comentasse alguma coisa e que a conversa voltasse aos trilhos, mas o silêncio só se aprofundou até que senti que estava prestes a se transformar em um abismo que poderia me engolir por inteiro.

Não suportei mais. "Bem, desculpe por incomodá-lo. É melhor eu ir para casa."

"Desculpe", disse ele de repente, "não consigo explicar, mesmo se quisesse, mas eu odeio você".

Eu o encarei, sem palavras.

"Só quero que me diga", continuou, "por que você e não eu?".

Eu sabia exatamente ao que ele se referia. Sabia exatamente o que queria que eu lhe explicasse. Mas nenhum de nós tinha a resposta.

Um dia depois da visita a Wenzhan, antecipei minha volta a Beijing. Tentei descobrir por que me preocupara tanto com ele. Talvez fosse porque sempre me senti culpado por viver a vida que Wenzhan planejara para si mesmo. Talvez fosse porque éramos reversos da mesma moeda: ambos tínhamos saído de nossa cidade em busca de um novo lar, mas nenhum de nós encontrou.

Essa foi a última vez que visitei Wenzhan. Eu ainda o encontrava ao voltar para casa nas férias, mas tinha o cuidado de evitá-lo. Mamãe não sabia exatamente o que estava acontecendo entre nós e continuou me trazendo notícias de Wenzhan e de sua família. Ele e o irmão acabaram tendo uma grande desavença. O irmão recebera um dinheiro da família da esposa e o investira em uma loja de frutos do mar. Estava se saindo muito bem, mas, talvez por causa de seu relacionamento tenso quando eram mais jovens, excluiu o irmão caçula de sua vida. Enquanto o primogênito prosperava, Wenzhan passava dificuldades, ganhando apenas cerca de mil yuans por mês. Além disso, odiava seu trabalho e desprezava seus colegas. A mãe tentou encontrar uma mulher para se casar com o filho, mas a fissura no lábio e o baixo salário o tornavam um parceiro pouco atraente. Mais tarde, ele partiu de novo. Seu destino não foi uma cidade grande, mas um pequeno vilarejo, onde conseguiu um emprego na emissora estadual que operava o transmissor local.

Percebi que Wenzhan e eu éramos parecidos, pelo menos em um aspecto: nenhum de nós jamais encontraria um lugar para realmente chamar de lar.

9
Hope

Ainda me lembro de nosso primeiro encontro e da maneira como ele se apresentou de forma solene: "Meu nome de família é Zhang. Meu primeiro nome é Hope — sim, como esperança em inglês."

Para enunciar corretamente seu nome, ele formou um círculo perfeito com os lábios.

Achei que qualquer pessoa que andasse por aí com um nome como esse e que entendesse claramente seu significado devia ser uma figura interessante. Hope, em especial, parecia exibir seu nome incomum como uma medalha de honra.

Ele continuou sua apresentação com entusiasmo.

Contou que o pai era um homem notável que, apesar de uma educação restrita ao ensino fundamental, aprendeu inglês sozinho e, como era a única pessoa na aldeia com proficiência no idioma, foi contratado como professor na escola local. Além de lecionar inglês, o pai de Hope também ocupou o cargo de diretor de escola. Era um leitor perspicaz da história contemporânea e antiga e se mantinha a par dos acontecimentos atuais ouvindo o Voice of America. Hope disse que o pai era o único homem na aldeia que tinha alguma ideia de como o mundo funcionava. Na aldeia, havia uma tradição de colocar no quintal de cada casa uma espécie de mosaico com ladrilhos esmaltados formando os caracteres que significavam felicidade, riqueza e longevidade, mas o pai de Hope tinha feito algo completamente diferente: mandou um artesão local desenhar um mapa-múndi.

"Do mundo inteiro", disse Hope, fazendo um gesto amplo com as mãos e, em seguida, traçando a forma do globo. "Cada centímetro." Ele olhou para mim, com as palmas para cima, como se o mundo se equilibrasse em suas mãos. Seu rosto brilhou com uma luz indescritível.

Finalmente me dei conta do que Hope me fez lembrar com sua apresentação: um líder do governo se dirigindo a uma multidão, orgulhosamente anunciando seu nome e explicando seu significado.

Ele havia chegado à universidade com duas sacolas de tecido, que carregou para o nosso dormitório, uma em cada mão. Parecia um monge Shaolin. Dava para ver que suas roupas eram novas e que ele cortara o cabelo para a ocasião. O clima não cooperou. As roupas novas começaram a grudar em seu corpo com o calor, e seu cabelo já estava desarrumado. Acredito que desejava que nossa primeira impressão dele fosse de um jovem sofisticado e bonito. Sua postura era tão rígida quanto o topete em seu cabelo.

A apresentação solene e a saudação entusiástica me incomodaram. Sempre me sentia assim perto de pessoas como Hope. Não conseguia dissipar a sensação de que o inadequado era eu. No entanto, gostei de seu sorriso. Ele tinha um rosto de bebê, mas estava bronzeado por passar muito tempo ao ar livre e, quando sorria, revelava duas covinhas profundas na lateral dos lábios e um par de minúsculos caninos brancos. Era um sorriso que vinha direto do coração.

Pensei em minha cidade natal. As reformas econômicas a transformaram de uma província pobre em uma pequena cidade de riqueza e prosperidade inesperadas. A escola onde cursei os últimos anos do ensino fundamental havia se tornado a melhor da cidade. Os ricos faziam de tudo para matricular os filhos lá.

As crianças ricas chegavam à escola vestidas com roupas escolhidas pelos pais, os cabelos presos ou modelados com gel. Alguns garotos até usavam gravata-borboleta. Os pais queriam que parecessem as crianças mais afortunadas do mundo. Elas entravam na escola ainda irradiando um pouco de orgulho residual adquirido dos pais, mas ele desaparecia logo, substituído por nervosismo, e acabava completamente aniquilado pela gargalhada dos colegas quando as avistavam. Dava para ouvir o som de pais e filhos desmoronando.

Sempre há um padrão a ser seguido. Se você não sabe qual é, quanto mais tenta, mais ridículo parece.

Hope era assim também. E pessoas desse tipo são sempre frágeis. São puras. Não conseguem julgar a si mesmas em relação ao padrão.

Não sei ao certo quando me tornei tão sério e sensato.

Na superfície, eu parecia casual, até mesmo despreocupado. Mas, antes de falar, media cada palavra para avaliar se incomodaria alguém. Fazia o possível para dizer o que achava que as pessoas queriam ouvir. Tentava descobrir o que era esperado de mim. Nunca falava abertamente por medo de ser odiado pelos outros. Mas por que eu me importava se as pessoas gostavam de mim? Talvez fosse um mecanismo de sobrevivência.

Depois de um tempo, era como se eu estivesse usando uma máscara. Todos os dias, quando chegava em casa, exalava um profundo suspiro. Sentia-me como um ator deixando o palco para a segurança das coxias. Quando fui para o ensino médio e morei pela primeira vez em um ambiente comunitário, não podia mais entrar dramaticamente em um cômodo e suspirar, então disfarçava discretamente meus suspiros limpando o rosto com um pano úmido. Todos começaram a perceber meu hábito diário de entrar em nosso dormitório e limpar meu rosto. Somente um dos meus colegas teve a coragem de se esgueirar ao meu lado e me flagrar suspirando. Ele sussurrou para mim: "Eu ouvi isso. Você sempre disfarça limpando o rosto, mas eu sei do que se trata. Você pode tirar a máscara." Ele riu e saiu sem dizer mais nada. Eu tinha sido descoberto.

O colega que descobriu meu segredo foi um dos poucos alunos que conheci no ensino médio que realmente tinha algo de especial. Ele ganhou essa distinção aos meus olhos durante uma reunião que convocou no centro de atividades para celebrar os melhores alunos da nossa série. Quando chegamos lá, ele correu para o púlpito e disse imperiosamente, como se anunciasse a segunda vinda de Buda: "Defensores do dharma, eu os reuni aqui hoje para dizer que sou aquele que vocês estavam esperando. Jurem que permanecerão fiéis ao meu caminho para a verdade." Alguns dos alunos ficaram perplexos, mas a maioria apenas revirou os olhos ou riu. Até que alguns dos meus colegas começaram a atirar livros, mas ele permaneceu no personagem, pairando acima de nós no púlpito, imóvel como uma estátua.

Eu achava que ele acabaria se tornando um líder de seita. Pelo contrário, foi o primeiro de meus colegas a se casar e o primeiro a engordar. Conseguiu um emprego como professor de biologia. Ansiava pela chance de dissecar sapos com sua classe. Quando tivemos nosso reencontro de dez anos, ele havia perdido completamente qualquer traço de especialidade. Bebeu e contou piadas sujas — totalmente à vontade no mundano.

Afinal, o que tinha acontecido com ele? Eu também havia bebido, então estava ousado o suficiente para perguntar, em um tom conspiratório: "Você era o único que sabia meu segredo. Como acabou assim?"

"Só estava me divertindo", respondeu, rindo.

Ele viu a decepção em meu rosto e assumiu um tom solene: "Sinceramente, não sei. Talvez eu nunca devesse ter me permitido mudar. Mas agora nem sei qual deles é o meu verdadeiro eu." Seu olhar me provocou arrepios. Ele me deu alguns tapinhas no ombro. "Tem algo errado? Está assustado? Estou brincando."

Na verdade, eu não sabia diferenciar sua autenticidade de suas piadas. O abismo entre o que meu colega havia se tornado e minhas próprias expectativas fantásticas sobre ele era simplesmente profundo demais. Mas sempre acreditei que todos criam mundos imaginários para si mesmos e para os outros. Todas as pessoas têm vários mundos fantasiosos armazenados em suas cabeças, e sabia que ele não fugiria à regra.

Tentei ficar atento à tênue barreira entre o imaginário e o real. O mundo real é o único que pode ser considerado verdadeiramente existente, mas sempre há o risco de mergulharmos na inconveniente fantasia.

Ao encontrar Hope naquela tarde, percebi que tipo de fantasias habitava sua mente. Ele imaginava sua chegada à universidade como o primeiro passo para o mundo mais amplo. Pensava que estava abrindo uma porta para possibilidades infinitas. Acreditava que, quando falasse, todos no mundo parariam para ouvi-lo.

Não consegui me conter — tive que falar: "Quando você se apresentar aos outros alunos, talvez seja melhor evitar toda aquela história sobre o seu nome."

"Por quê?", perguntou, virando-se para mim completamente perplexo com o meu conselho.

"Bem, porque..."

Não consegui reunir coragem para continuar. Pretendia lhe dizer que não é assim que o mundo funciona.

Mas ele foi lá e fez exatamente o contrário do que sugeri.

Quando demos nossa primeira festa, Hope tomou alguns drinques. Provavelmente sua primeira experiência com bebidas alcoólicas.

Quando as pessoas se libertam um pouco, a primeira liberdade que exercem é a de expressão.

Seu rosto estava vermelho como um tomate e ele começou sua ladainha. Estava no meio de sua autoapresentação e chegara à parte em que seu pai mandou fazer um mapa-múndi. Talvez fosse efeito do álcool, mas ele estava especialmente animado. Ficou de pé e abriu os braços. "Era tão grande", afirmou, "o mundo inteiro".

Todos caíram na risada.

Não sei se era efeito da bebida ou se ele simplesmente não tinha a menor noção de ridículo ou escárnio, mas a risada de seus colegas só serviu para encorajá-lo. Hope começou a cantar uma música em inglês, algo como "Big Big World" de Emilia; quando acabou, se levantou mais uma vez, proclamando sua promessa de desfrutar de uma linda vida: "Quero me apaixonar e perder minha virgindade o mais breve possível. Quero formar uma banda e gravar um álbum o mais rápido possível. Quero publicar alguns poemas e criar uma coleção o mais rápido possível.

Prometo que cada minuto da minha vida será mágico e quero começar agora."

Suponho que, da maneira como se via, Hope era um orador talentoso encarnando Martin Luther King Jr. Mas não fiquei impressionado. Que imaginação tosca, pensei, parecia algo saído de um livro didático do ensino médio.

Fofocas sobre Hope começaram a circular pela escola. Ele parecia não se importar. Eu me perguntava: será que percebia que as pessoas estavam zombando dele ou achava que todo mundo estava impressionado?

No caminho para o refeitório, eu via alguns colegas rindo dele cruelmente pelas costas. Ele parecia não perceber suas intenções.

Hope ia até eles, punha as mãos em seus ombros e dizia: "Quer me conhecer, irmão? Qual o seu nome? Vamos nos conhecer melhor." Os garotos não tinham ideia do que fazer e saíam correndo. Mas alguns eram ainda mais descarados. Quando viam Hope chegando, gritavam, reproduzindo uma frase de um mangá popular: "Devemos continuar fortes!"

Hope respondia com seriedade inabalável, gritando de volta: "Fazemos isso pela juventude!"

Eu sentia vergonha por ele.

Não sei se estava preocupado com Hope ou apenas curioso de como ele lidaria com sua recém-descoberta infâmia, mas nos tornamos amigos.

Assumi minha postura pragmática e ansiosa de sempre. Comecei a calcular quanto tempo por dia eu precisava dormir e quanto tempo poderia despender nos estudos, com base no tipo de notas que obteria e no tipo de estágio que seria capaz de conseguir... Ao contabilizar tudo, concluí que não tinha tempo suficiente. Sabia que esse seria um experimento perigoso que mudaria o curso da minha vida. Com o AVC de Papai, quando eu estava no ensino médio, a maior parte de minhas economias foi gasta, então eu sabia que precisava conseguir um emprego assim que deixasse a universidade. Eu me sentia pilotando um foguete, decolando a todo vapor enquanto ainda tentava fazer os últimos cálculos para manter tudo nos trilhos.

Hope optou pela estratégia oposta. Não era como se não tivesse nada com que se preocupar; apenas não tinha a menor ideia de com quê. Não se interessava em adotar uma abordagem pragmática para planejar sua vida.

Ele se juntou ao clube de violão. Fazia sentido, pois queria montar uma banda. E também ingressou no clube de street dance e no clube de taekwondo. Chegou a compartilhar comigo a fantasia de usar uma roupa de taekwondo durante o sexo. E disse isso em voz alta, como se não se importasse com quem pudesse ouvir. Na época, sua mente era habitada por fantasias bizarras. Hope achava que entrar para o clube de street dance ou de taekwondo representava algum tipo de rebelião juvenil cosmopolita. Até no clube de poesia ele ingressou.

Hope me arrastava para as reuniões dos clubes. Tudo isso era parte do plano que anunciara na festa: desfrutar de uma linda vida.

Percebi, após assistir a algumas reuniões com ele, que o clube de violão poderia muito bem se chamar "clube para fingir tocar violão", e o mesmo se aplicava aos demais. Eram destinados a pessoas que queriam se juntar a outras interessadas em fingir que praticavam street dance, lutavam taekwondo ou escreviam poemas.

Na época, o país inteiro rumava à rápida urbanização, e parecia que todos queriam embarcar no novo cosmopolitismo, mesmo que não passasse de fingimento. Talvez a melhor maneira de descrever esses clubes fosse hipnose coletiva. Seus membros desejavam aderir ao culto da modernidade e adorar tudo que estivesse na moda.

Ser refém de uma fantasia é absurdo, sobretudo quando ela difere tão radicalmente da realidade.

Eu estabelecera uma meta pessoal de obter uma média alta o suficiente para conseguir uma bolsa de estudos para os dois semestres. Foi assim que consegui arcar com minhas despesas de subsistência. Arranjei um emprego e economizei cerca de três mil yuans. Meu plano era juntar o suficiente para me manter durante um estágio em um jornal. Os estágios não eram remunerados, mas eram a oportunidade perfeita para uma experiência real: negócios humanos reais, vida real, o mundo real. Eu queria me aproximar mais da realidade.

Hope e eu vivemos nossas vidas como pensávamos que deveriam ser, mas seguimos direções opostas.

Não foi uma tarefa fácil, mas acabei conseguindo uma entrevista de estágio em uma empresa. Hope me acompanhou.

No caminho de volta para a universidade, esperava que me parabenizasse, mas, em vez disso, ele apenas balançou a cabeça pesarosamente e disse: "Certa vez, meu pai me contou uma história que ouviu no Voice of America. É sobre um cara recém-saído de uma universidade da Ivy League que vai até uma empresa Fortune 500 na esperança de conseguir um emprego. O CEO lhe pergunta: 'Então, o que você fez no seu primeiro ano?' O cara responde que se enterrou nos livros e nem olhou para os lados. 'E quanto ao seu segundo ano?', quis saber o CEO. O cara conta que começou um estágio. 'E quanto ao terceiro ano?', continua o CEO. O jovem começa a contar sobre um plano de negócios que elaborou como forma de se preparar para o mundo dos negócios após a formatura. E, finalmente, o CEO indaga: 'Então você está dizendo que desperdiçou sua juventude?' O cara balança a cabeça em sinal de negação. 'Você descobriu os prazeres carnais?' O jovem balança a cabeça novamente. O CEO o dispensa, dizendo: 'O problema é que você ainda nem viveu, então como espera oferecer algo à minha empresa? Você tem seu diploma, mas não fez um único curso na escola da vida. Vá viver, depois volte.'"

Entendi aonde ele queria chegar, mas, sinceramente, não sabia o que era real na história do CEO e do graduado. Hope a aceitara como uma verdade inquestionável.

A moral da história era descobrir como o mundo real funciona, mas o próprio Hope não tinha ideia do que era o mundo real.

No entanto, nem me dei ao trabalho de apontar os furos na história. Talvez eu esperasse uma comprovação de que havia outra maneira de viver, uma que eu nunca imaginara. Quando Hope não obteve qualquer resistência de minha parte, prosseguiu, exalando convicção. "Quero montar uma banda", anunciou. Ele tinha toda a confiança da juventude e talvez sua intenção fosse se exibir para mim.

Pouco depois de eu chegar à universidade, uma rede de cafés taiwanesa foi inaugurada perto do campus e os funcionários foram recrutados entre os alunos. A vaga tinha três requisitos: uma postura digna, a capacidade de manter uma conversa e estipulações básicas sobre atratividade física — o que foi referido eufemisticamente como "aparência física regular". O salário era de mil yuans por mês e os turnos eram flexíveis, para que os alunos pudessem encaixar o trabalho em seus horários de aula. Hope foi à entrevista e me arrastou a tiracolo. Ao chegar, nos deparamos com um bando de outros alunos que também queriam uma vaga no café. Encolhendo a barriga e conversando entre si em tons melosos e afetados, eles mais pareciam à espera de uma audição para uma peça do que de uma entrevista de emprego em um café.

Hope mal conseguiu convencer o gerente de contratação de que atendia aos dois primeiros requisitos, mas não houve como enganá-lo no terceiro. Ouvi o som de objetos se espatifando dentro do café e, em seguida, Hope gritando: "Foda-se esse um metro e sessenta e cinco!" O gerente de contratação sacou uma fita métrica e descobriu que Hope não atendia ao requisito mínimo. Hope perdeu a paciência e começou a xingá-lo. Saiu do café aos risos, me arrastando e dizendo: "Dane-se!"

Ele não conseguiu o emprego no café, mas de repente estava mais ocupado do que nunca. Em geral, já havia saído de nosso dormitório compartilhado quando eu acordava e só voltava depois que eu já estava dormindo. Uma coleção de instrumentos musicais apareceu de repente em nossa sala. Quando enfim nos encontramos novamente, percebi que Hope havia emagrecido e estava ainda mais bronzeado. Perguntei o que andava fazendo, mas a única resposta que obtive foi um sorriso malicioso. Certo dia, por acaso, a caminho da pedreira atrás da universidade para entrevistar uma pessoa, avistei Hope. Ele golpeava uma gigantesca rocha com uma marreta.

Fiquei chocado. Corri até ele e comentei: "Você está determinado desta vez, hein?" Ele estava encharcado de suor e tinha uma toalha enrolada na cabeça como um lavrador.

"Eu não quero viver na porra do mundo deles. Eles acham que isso vai me impedir? Essas pessoas podem ser sofisticadas, mas têm medo da própria sombra. Posso ser sofisticado quando quero, mas também posso mergulhar na sujeira quando necessário. E sou capaz de me rebaixar mais do que elas."

E deu sua risada habitual.

Quando você encontra obstáculos e se descobre fraco demais para enfrentá-los, corre o risco de ser ridicularizado; se conseguir superar isso, as pessoas começarão a idolatrá-lo. Nunca havia pensado dessa forma, mas Hope me fez mudar de ideia.

No último semestre de seu primeiro ano, ele começou a colecionar instrumentos e, no início do segundo ano, criou um pôster para recrutar membros para a banda. Compareceu à reunião de recrutamento do clube e começou a promover sua banda.

O pôster que havia desenhado era simples. No topo, Hope escreveu: "Esta é uma banda que mudará o mundo e transformará seus integrantes."

Abaixo, ele incluiu a letra de uma música:

> *Você me pergunta, até onde quer correr?*
> *Eu te respondo, mais longe do que os olhos podem ver.*
> *Você me pergunta, quão vasto é o mundo que deseja habitar?*
> *Eu te respondo, maior do que jamais poderia imaginar.*

Hope sabia tocar algumas músicas no violão, mas não tinha muita noção de como formar uma banda. Eu sabia que ele havia comprado os instrumentos seguindo as orientações de um guia online.

O primeiro integrante da banda foi Little Five, um garoto pálido, magro e de óculos, cujos pais eram funcionários públicos. Mas ele não tinha formação musical de verdade. Hope reparara nele um dia antes da reunião de recrutamento do clube. Notou o garoto pálido se trocando. Little Five dobrou as roupas, arrumando-as de forma tão cuidadosa e ordenada que parecia manusear pedaços de tofu. O garoto deu alguns saltos para se aquecer e disparou pelo gramado, gritando a plenos pulmões. Quando Hope viu a expressão feroz e as veias do pescoço salientes de Little Five, soube que precisava dele na banda. E correu para fazer sua proposta.

O segundo integrante recrutado foi apelidado de Skinny Fat. O pai dele era treinador nacional de *wushu*. O garoto era conhecido pelo hábito de comentar sobre a aparência das colegas de classe. "O rosto dela é agradável", diria, "mas o nariz é muito pequeno, então o espaço entre o nariz e a boca é muito grande, a boca até que é bonita, mas o equilíbrio está totalmente perdido. É uma pena, na verdade". Ou talvez: "Ela tem algo especial, mas suas pernas são muito curtas para seu corpo. Dá para ver pelo modo como usa a cintura da saia alta demais. Nem me daria ao trabalho de paquerá-la."

O terceiro integrante da banda foi apelidado de Oval. Seus pais tinham uma loja de conveniência. Várias de suas canções envolviam guloseimas e, segundo ele, pertenciam ao gênero do materialismo lírico. *"Salgadinhos crocantes de camarão"*, dizia uma das canções, *"seus olhos profundos e vastos. Batatas fritas crocantes, crepitando como suas palavras. O vasto céu, como cascas de amendoim à sua volta. O rio continua fluindo e sinto o forte cheiro de cerveja…"*.

Completando o grupo havia Crook, Short Road e Flat Nose.

Hope estava determinado a ser o vocalista. Mas seu sonho foi despedaçado depois que a banda visitou uma cabine de karaokê para testar seu carisma. Assim que Hope abriu a boca, seus companheiros de banda perceberam que não podiam lhe confiar os vocais. "Você tem o pacote completo", zombou Skinny Fat, "totalmente desafinado e desagradável aos ouvidos". Depois disso, Flat Nose assumiu como vocalista. Ele também não era um grande cantor, mas um detalhe de sua anatomia lhe proporcionava um timbre interessante.

A banda se instalou no dormitório que Hope e eu dividíamos. Supostamente, eles se encontravam todos os dias às 16h e ensaiavam até as 21h. Eu soube que eles recebiam reclamações dos vizinhos por causa do barulho o tempo todo, então o ensaio era limitado a algumas horas, no máximo. Às vezes, saíam pelo corredor arrumando brigas com outros alunos.

Tenho que dizer "supostamente" e "soube" porque nunca estava por perto para os ensaios. Meu estágio no jornal havia se transformado em um emprego de meio período. Todas as tardes, quando não tinha aula, saía pela cidade em busca de histórias: militares reformados que cultivavam orquídeas raras; um senhor cuja neta havia se apaixonado por um amigo tão idoso quanto ele; um importante discurso de um político local; uma briga de rua que resultou em vítimas; e vários acidentes de trânsito.

Uma repórter da equipe me adotou como seu pupilo, mas, sempre que cobríamos um acidente de trânsito, ela simplesmente não conseguia lidar com a cena, sobretudo se houvesse vítimas fatais. O volume de seus gritos era inversamente proporcional à distância dos corpos. Eu permanecia calmo como jamais imaginei. Investigava tudo e fazia anotações. Nem me importava ao usar minha caneta para levantar a manta que cobria um corpo. Conseguia manter a calma porque nunca considerei um cadáver como uma pessoa real; era apenas mais um item na cena do acidente. Enfrentar acidentes de carro era moleza, mas voltar ao campus e ver meus colegas imersos em uma névoa de hormônios era irritante. Às vezes me pegava pensando: *Essas pessoas estão desperdiçando os melhores anos de suas vidas. Para quê?*

Imbuído desse estado de espírito, acabei por admirar as estranhas ambições de Hope.

Eu me preocupava com ele. Sentia ao mesmo tempo inveja e um certo ceticismo, mas, no fundo, tinha curiosidade de ver como a vida dele se desenrolaria. Do que realmente era capaz?

Observá-lo era como testemunhar Deus moldando uma de suas criações. Mas, quando percebi que ele era meu amigo de verdade, fui tomado de uma ansiedade avassaladora por seu futuro.

Três meses depois de começar os ensaios em nosso dormitório, a banda fez seu primeiro show. Deduzi que, apesar das constantes reclamações pelo barulho, eles deviam ter trabalhado bastante durante o tempo disponível. Fiz questão de comparecer para assistir à primeira apresentação. Meu lugar era na primeira fila, bem no centro do palco, e recebi até uma tarefa especial: Hope me deu um buquê de flores e, no ápice do show, eu deveria subir no palco para apresentá-lo à banda. Não fiquei muito entusiasmado. Estava preocupado com o que as pessoas pensariam de mim. Mas Hope insistiu: "Você vai se sentar na plateia e, então, quando sua alma explodir com nossa força vital, você corre para o palco e entrega as flores."

O show foi em um dos refeitórios da universidade. O palco era um pequeno espaço normalmente reservado para os alunos se enfileirarem e passarem os vales-alimentação. Eles usaram um sistema de som emprestado do Comitê de Recreação Estudantil, e as mesas do refeitório serviram de plateia. Para criar uma ambientação, o corredor entre a porta principal e a janela de atendimento foi decorado com cartazes poéticos: "Você consegue ouvir a música que seu espírito canta?"; "Esprema cada gota da juventude, deixe a ignorância se esvair de sua alma"; "A solidão é a verdade que habita todos os corações." Parecia algo copiado de slogans de um esquema de pirâmide.

Foi no show que ouvi pela primeira vez o nome que Hope havia escolhido para a banda: *O Mundo*. Isso me fez lembrar de Hope gesticulando freneticamente enquanto descrevia o mapa-múndi do pai.

Apesar de ter sido preterido como vocalista principal, Hope sempre tinha algo a dizer, então assumiu o papel de apresentador do show.

Os instrumentos estavam a postos, luzes coloridas iluminavam o salão e Hope liderou os integrantes da banda até o palco improvisado. Pegou o microfone e deu um berro estrondoso: "Olá a todos! Somos *O Mundo*. Ouçam nossa música!"

Pensando bem, não consigo me lembrar dos detalhes de nenhuma das músicas que tocaram, mas todas eram um cover de alguma velha canção pop com uma nova letra composta por Hope. Ele não era um letrista habilidoso, mas tinha o talento de desnudar a alma. No entanto, aquelas letras exageradas não combinavam com a melodia simples. Tudo de que me lembro do show é o berro de abertura de Hope: "Somos *O Mundo*. Ouçam nossa música!"

Posso não ter admitido na época, mas a maneira como ele subiu ao palco e se dirigiu ao público mexeu comigo; me fez pensar. Eu seria capaz de me libertar de todas as limitações autoimpostas? Conseguiria me despojar de todas as minhas inibições?

Não fui só eu. As músicas não eram memoráveis e a banda nunca fez muito sucesso, mas Hope se tornou uma espécie de lenda do campus.

No dia seguinte ao show, as pessoas começaram a acenar para ele no caminho para a aula ou gritar saudações. A notícia da banda se espalhou até os escalões mais altos da universidade: em uma reunião do Departamento Chinês para discutir como lidar com a SARS, o chefe do departamento citou a banda na abertura de seu discurso. "Ouvi dizer que nosso Departamento Chinês fez contato com *O Mundo*", afirmou, "ou talvez tenha sido o contrário. Estou falando da banda, é claro".

Hope nunca exibia um pingo de modéstia ou constrangimento ao receber atenção positiva ou reafirmação. Mas também não assumia uma atitude pretensiosa. Simplesmente sorria, mostrando os minúsculos caninos, e dizia: "Sim, sou eu. Sou Hope. Sou *O Mundo*."

Do meu ponto de vista, Hope dedicara a vida a perseguir um sonho e, independentemente de realizá-lo, a pureza de suas emoções tornavam seus sentimentos contagiantes. As pessoas acreditavam nele e ele se transformou no porta-voz delas e do mundo de fantasia que tentava lhes transmitir.

Era disso que eu gostava em Hope. Eu acreditava nele, mas ao mesmo tempo me preocupava que estivesse se esforçando demais, se consumindo para iluminar o caminho para os outros. Se falhasse, seus seguidores ficariam desapontados — mas como ele se sentiria?

Hope se apaixonou, exatamente como havia planejado.

Depois que ele se tornou uma celebridade no campus, nosso dormitório se transformou em uma espécie de confraria de estudantes, o destino de todos os personagens notáveis da universidade. Com tantas pessoas entrando e saindo do dormitório, uma delas acabava chamando a atenção de Hope. Depois disso, não demorava muito para que se envolvessem.

Enquanto Hope se apaixonava, eu passava cada vez menos tempo em nosso dormitório. Uma história que escrevi para o jornal ganhou um prêmio regional de jornalismo e meu editor me passou ainda mais atribuições. Normalmente eu não voltava para o dormitório antes das 22h, mas, ao chegar, sempre encontrava a festa rolando e um novo grupo de convidados.

Era uma multidão variada: colegas tagarelas que queriam bombardear Hope com perguntas sobre o sentido da vida; pessoas com piercings e braços cobertos de tatuagens que aspiravam arrastar Hope para algum empreendimento ousado; alunos nerds

— dos quais todos fugiam por medo de aturar uma conversa monótona — que timidamente perguntavam se Hope estava interessado em participar de seus experimentos; e vários parasitas que pretendiam convencer Hope a se engajar em algum projeto da indústria musical. Todos tinham os próprios sonhos e fantasias, mas nunca estavam prontos para realizá-los. Segundo eles, "ainda preparavam as bases" para tal e tal projeto ou "apenas esperavam o momento certo" para perseguir qualquer sonho. Seu discurso para Hope era sempre o mesmo: "Você devia fazer isso primeiro!"

Cercavam Hope, como náufragos à espera de salvação. Recorriam a ele na esperança de fazê-lo se interessar por seus próprios esquemas e sonhos. A regra da universidade era apagar as luzes às 22h, mas isso não encerrava as reuniões. A escuridão parecia encorajar as pessoas a se abrirem ainda mais. Era quando as luzes se apagavam que todos pareciam abandonar o pensamento racional e se entregar à fantasia. Muitas vezes, acordava assustado com alguém gritando algo como: "Devemos a nós mesmos realizar nossos sonhos" ou "Só se é jovem uma vez!".

Hope respondia com ainda mais entusiasmo, dizendo: "Você está absolutamente certo!"

Eu estava trabalhando como um camelo, tentando manter o ritmo das atividades acadêmicas e do trabalho no jornal. E cada vez mais farto dos apaixonados colóquios noturnos. Quando os exames finais do meu segundo ano se aproximavam, decidi que era hora de alugar um quarto fora do campus.

Hope se sentiu abandonado por mim. No dia em que me mudei, ele me perguntou, com toda cautela: "Você não acredita mais em mim ou o quê? É muito barulhento para você?"

Ele poderia aceitar a última justificativa, mas não a primeira.

Fiz o possível para explicar a situação — todo o trabalho extra no jornal e como era importante para mim ter uma boa noite de sono —, mas Hope ainda parecia buscar minha aprovação. Talvez não soubesse exatamente como consegui-la, pois me perguntou de novo: "Você ainda acredita em mim, certo?"

"Claro", respondi.

"Ainda tenho o seu apoio, não é?"

Eu sabia que essa discussão podia durar o dia todo, mas de repente descobri uma forma de encurtar a conversa e talvez até mesmo conseguir assinar um artigo. Já imaginava a manchete: "A Juventude Apaixonada por Trás de uma Banda Universitária." Decidi que uma entrevista com ele forneceria um bom pano de fundo para a matéria. Perguntei a Hope o que achava da ideia. "Quero que outras pessoas ouçam sua história", argumentei.

A princípio ele pareceu atordoado, mas depois sorriu, mostrando seus caninos. "Sério? Eu adoraria!"

Depois disso, minha mudança foi tranquila. Quando saí, Hope pegou pincel e tinta e criou um pôster para pendurar na porta com os dizeres: "Pavilhão da Jornada Espiritual."

Só tive notícias dele três dias depois de me mudar. Meu telefone tocou às duas da manhã.

"O que você está fazendo?"

Sabia que ele queria me contar algo. "O que foi?", perguntei.

"Acabei de fazer…"

Entendi na hora que isso significava que ele tinha transado, mas não estava a fim de papo. "Boa noite", respondi.

"Não desligue", gritou, ansioso. Enquanto alcançava o botão, ouvi-o gritar do outro lado da linha: "É isso que significa ser jovem! Estou fazendo algo significativo."

Eu só permanecia no campus pelo tempo absolutamente necessário, mas, mesmo assim, ouvia relatos incrivelmente exagerados das façanhas de Hope: saiu com três garotas em uma semana; arrumou briga em um restaurante; assumiu o púlpito em uma aula de literatura para cantar uma de suas composições… Houve também um incidente em que ele beijou um colega de classe diante de um grupo de pessoas. Ele reagiu como de costume: "Quero experimentar tudo o que a vida tem a oferecer."

O conselheiro da universidade já estava farto e decidiu entrar em contato com os pais de Hope. O telefone tocou na distante aldeia nas montanhas, e o patriarca da família atendeu. Quando o conselheiro o informou sobre a conduta do filho, o professor rural de inglês começou a rir.

Imaginei que o pai de Hope esperava viver indiretamente por meio das experiências do filho. Seus sonhos nunca se realizaram, mas talvez conseguisse alcançá-los na figura do filho.

O conselheiro acabou me localizando, na esperança de que eu pudesse ajudar meu amigo. Ele sabia que eu era mais preocupado com o futuro do que Hope. "Todos já fomos jovens, é claro", disse o conselheiro, "mas há limites. Você tem a cabeça no lugar. Sabe o que significará para ele ter esse tipo de registro no histórico. Isso pode ter um impacto negativo no futuro dele. Ele está desconectado da realidade e precisa saber que isso terá um preço mais adiante". Eu sabia que o conselheiro desejava o melhor para Hope, mas também sabia que minhas palavras cairiam em ouvidos moucos. A única razão pela qual nos tornamos amigos foi o fato de sermos completos opostos.

Hope mais uma vez surpreendeu a todos.

De repente ficou mais tranquilo e adotou um ritmo menos intenso. Ninguém poderia esperar que a responsável pela façanha fosse uma garota. Seu nome era Wang Ziyi.

Assim como Hope, Wang Ziyi era uma espécie de celebridade do campus. O motivo de sua notoriedade não era nenhum charme inato ou grande beleza. Sua fama vinha do pai. Segundo rumores, ele era secretário-geral do Comitê Municipal do Partido na cidade. Esse fato nunca foi realmente confirmado, mas até os professores a reverenciavam.

Apesar de toda a notoriedade de Wang Ziyi no campus, ninguém parecia conhecê-la bem. Muitas vezes as pessoas se referiam a ela simplesmente como a "filha do secretário-geral". A jovem parecia se considerar superior aos colegas e muitas vezes inclinava a cabeça como se quisesse evitar olhar alguém nos olhos. Hope e Wang Ziyi pareciam produtos de dois mundos diferentes. Ela vinha de um lugar onde sua geração esperava para herdar o poder, fosse diretamente dos pais, fosse das famílias dos futuros cônjuges. Para seus colegas de classe, havia algo de antiquado em pessoas como Wang Ziyi, mas isso não os impedia de invejá-la.

Apesar de tudo isso, a jovem tornou-se a namorada de Hope.

No início, o romance me surpreendeu, mas acabei percebendo algo a respeito de Hope. Algumas pessoas adentram uma espécie de mundo novo, mas sempre acabam olhando para trás e, quando o fazem, percebem que ainda aplicam as antigas regras à nova realidade. E, mesmo que se esforcem para se adequar à nova vida, sempre estarão sujeitas às regras da antiga. Ninguém havia percebido isso em Hope. Ele não conseguiria conduzir as pessoas a uma nova realidade porque ainda estava amarrado à antiga. Suponho que nem mesmo Hope tenha percebido.

Havia uma explicação simples para se tornarem um casal. Hope achou que ela serviria para provar sua desistência da antiga realidade; para Wang Ziyi, era um ato de rebelião contra a realidade em que vivia. Na verdade, ela era ainda mais rebelde do que Hope — mas acho que a maioria das pessoas que visitava o Pavilhão da Jornada Espiritual era mais subversiva do que ele ou entendia de verdade o que significava a liberdade.

O caso de amor expôs outro lado de Hope a seus colegas de classe. O fluxo de visitantes em seu dormitório minguou para alguns poucos gatos pingados. Os que preferiram se afastar murmuravam comentários sobre o medo de que a inóspita decadência que infectara Hope — transmitida por Wang Ziyi e seu mundo antiquado — pudesse ser contagiosa. Mas talvez no fundo tenham notado que o vetor era Hope, não Wang Ziyi.

Na época em que Hope e Wang Ziyi namoraram, descobri que tinha minha própria admiradora. Seu nome era Zhang Jingyi. Uma jovem vinda do mesmo mundo que Wang Ziyi: seu pai era o diretor do Instituto Municipal de Cultura. Ela colecionava recortes de poemas e contos que publiquei no suplemento literário do jornal.

Eu acabara de me instalar no meu quarto alugado quando ela apareceu sem ser convidada. Não falou muito, mas notei seus olhos inquietos, examinando o pequeno espaço. Também não se demorou, mas voltou na mesma tarde com uma colcha, um mosquiteiro, um travesseiro, um queimador de incenso e uma caneta-tinteiro. Fiquei sem ação. Porém, era tarde demais para recusar e só me restava assistir em silêncio enquanto ela guardava cada item. Ela parecia saber exatamente o lugar de cada um deles.

Zhang Jingyi se sentou e começou a falar. Contou que seu pai sempre a aconselhou a encontrar um parceiro com talento. O racional do pai era que a formação de um eventual marido era secundária em relação ao seu potencial. "Ele me disse que essa era a melhor maneira de começar uma família com futuro", explicou. "Ser capaz de escolher um homem assim é uma habilidade importante para uma mulher."

Percebi com que tipo de pessoa estava lidando. Embora eu sempre tenha sido pragmático e calculista, constantemente preocupado com meu futuro, de alguma forma ainda me ressentia desse meu lado. Se eu fosse um calculista tão frio quanto às vezes aspirava ser, teria agarrado Zhang Jingyi em um piscar de olhos. Ela não era mimada, era uma boa menina, modesta, tradicional e focada em construir uma família. Mas, quando ouvi aquelas palavras saindo de sua boca, tudo me soou muito estranho. Sem jeito, eu a acompanhei até a porta.

Depois que Jingyi foi embora, tive vontade de telefonar para Hope e convidá-lo para um drinque. Nossos relacionamentos ofereciam um interessante contraste, mas ambos carregávamos falsas concepções sobre si mesmos. Ele pensava que estava quebrando todas as regras apesar de viver de acordo com cada uma delas; eu achava que estava avançando com o maior cuidado, quando tudo o que realmente queria era romper com todas as convenções.

Decidi não telefonar. Não sei ao certo o motivo. Talvez ninguém saiba a verdadeira razão por trás das próprias ações. Eu estava confuso: seria melhor levar uma vida simples e feliz ou continuar me esforçando — mesmo que isso significasse ser infeliz pelo resto da minha vida?

Enquanto isso, a reputação de Hope na universidade estava em queda livre. Nunca teria previsto o quão vertiginoso seria seu declínio. No início do nosso terceiro ano, ele não era mais uma celebridade no campus. Aqueles que antes se reuniam para as sessões noturnas em nosso antigo dormitório começaram a se ressentir dele. Confidenciavam entre si que Hope não era tão especial e tentavam descobrir por que o idolatraram. Um deles chegou a dizer: "Ele era nosso herói naquela época. Acho que deve ter sido aquele show, mas as músicas nem eram muito boas. Eles nem sabiam cantar. Por que caímos nessa?"

Wang Ziyi, mais do que o próprio Hope, parecia não querer deixar as coisas terminarem de forma tão desonrosa. Ela pressionou Hope para reunir a banda e ensaiar ainda mais. Conseguiu algum dinheiro com o pai para investir em instrumentos mais profissionais para eles. *O Mundo* se reuniu para um show pouco antes dos exames de meio de semestre.

O show foi muito mais profissional do que a última apresentação. Em vez do refeitório, eles tocaram no auditório da universidade. Wang Ziyi conseguiu reservar o local e sua reputação e orientação ajudaram a lançar uma ampla campanha publicitária. As estações de rádio e TV da universidade não paravam de comentar sobre o show iminente. Havia pôsteres do evento em todos os quadros de avisos do campus, e membros do sindicato estudantil foram designados para colá-los em empresas próximas.

O pôster trazia uma foto da banda com Hope no centro e os outros membros dispostos ao seu lado. Na parte superior, *O Mundo* vinha estampado em letras garrafais e, abaixo: "Vivemos de acordo com nossas ambições. Assim é a juventude." Na foto, Hope estava sorrindo, exibindo seus caninos, mas, talvez devido à maquiagem, seu rosto parecia levemente embaçado.

Acabei perdendo o show, pois precisei fazer horas extras no jornal. Segundo nossos colegas, a apresentação foi um desastre. O auditório tinha capacidade para mil pessoas, mas não tinha nem a metade, e muitos dos presentes foram pressionados a comparecer por membros do sindicato estudantil.

No dia seguinte, na universidade, percebi que alguém havia desenhado um grande X sobre um dos pôsteres. Abaixo do X estava escrito: "Financiados por burocratas — quem acham que estão enganando?" Wang Ziyi não entendia que uma banda como *O Mundo* não precisava de profissionalismo. Seu produto não era a música; eles vendiam um sentimento de liberdade. Talvez Hope também não percebesse.

A única coisa que eu poderia fazer por ele era honrar o compromisso que assumi no dia em que deixei o dormitório. Pouco depois do show, meu jornal publicou um longo artigo sobre *O Mundo*. Pressionei um repórter mais veterano a entrevistar Hope. Não achava que eu estava à altura da tarefa. Não estava preparado para fazer perguntas difíceis a Hope.

Na entrevista citada na matéria, o repórter perguntou como Hope escolheu o nome da banda. Ele respondeu: "*O Mundo* — bem, o mundo é algo tão grande e complicado que está sempre além da sua imaginação. É caótico e sem limites."

Quando o jornal chegou às bancas, Hope reconquistou um pouco de seu status de celebridade. Wang Ziyi parecia considerar isso uma vitória. Ela foi vista na companhia de Hope de forma bastante ostensiva.

Pouco depois, comecei a ouvir rumores de que o namoro deles estava com problemas. O pai de Wang Ziyi não ficou satisfeito com o comportamento recente da filha e foi à universidade reclamar de que Hope a desencaminhara. Em seus primórdios, a universidade era uma academia para a formação de futuros professores e ainda gerava vários diplomados que seguiam o magistério. Sempre foi uma instituição bastante conservadora e, como tal, já constava de seu livro de regras uma cláusula sobre "comportamento impróprio em relacionamento". Além disso, a universidade não queria correr o risco de ofender um membro do governo municipal. A universidade foi severa com Hope, encerrando sua bolsa de estudos e impedindo-o de ingressar no partido.

Ao que parecia, a paciência de Wang Ziyi com o namoro também se esgotara e ela passou a criticar e reclamar de Hope. Muitas de suas frases começavam com "Você deveria…". Por exemplo: "Você deveria ter percebido como esta universidade é administrada. Com o que está tão preocupado, afinal?" Ou "Você deveria estar imune a esse tipo de coisa agora. Você não vai morrer de fome por perder uma bolsa de estudos."

Não consegui fazer muito para ajudar Hope. Eu planejara passar a maior parte do último ano da universidade fazendo um estágio.

A maioria dos estágios durava três ou quatro meses e, ao final, você poderia receber uma oferta de emprego permanente. Mas um ano não é tanto tempo assim, então eu sabia que só tinha três chances de conseguir um emprego. Também sabia que precisaria administrar minha conta bancária para garantir que teria o suficiente para me sustentar enquanto fazia o estágio não remunerado.

Pretendia ter tempo suficiente no meu último ano para me dedicar ao estágio, então comecei a escrever a monografia no meu primeiro ano. O esforço para adiantar o trabalho ocupava a maior parte do meu tempo livre, mas ocasionalmente saía com Jingyi para comprar algo para comer ou dar um passeio.

No segundo semestre daquele ano, Jingyi me convidou para um concerto. Um pianista da Alemanha faria um recital. Tornou-se um grande evento na cidade. Concordei em acompanhá-la, mas Jingyi sugeriu que saíssemos um dia antes para um passeio. Não sabia ao certo o que tinha em mente. Quando perguntei, ela apenas respondeu: "Quero te levar para comprar algo para vestir no concerto. Alguns dos meus parentes mais velhos estarão lá."

Soube imediatamente o propósito do convite para o concerto.

Pensei com muita calma e racionalidade sobre meu futuro com Jingyi. Eu me sentia culpado por não avaliá-la por seus próprios méritos, mas, sim, pelo papel que ela desempenharia no plano que eu traçara para minha vida.

Concordei em sair às compras com ela e deixei que escolhesse algo apropriado para usar no concerto, mas insisti em pagar. Sabia que deixá-la pagar seria cruzar uma linha simbólica em nosso relacionamento.

Nunca esquecerei Jingyi na noite do concerto. Ela estava linda — deslumbrante até — em um vestido branco simples e elegantes saltos pretos, com uma flor presa na têmpora. Ela era a imagem da graciosidade quando me encontrou na porta principal do teatro. Desempenhou seu papel à perfeição, mantendo-me ao seu lado, mas nunca mais perto do que seria apropriado para o nosso relacionamento e a ocasião. Apresentou-me a cada um de seus parentes: havia um vice-comissário do Departamento Provincial de Obras Públicas, o reitor de uma universidade de arte, o chefe de um departamento governamental em Beijing... Todos me cumprimentaram com polidez, uma voz suave e um gentil incentivo verbal em relação a Jingyi. Sua família tinha um jeito descontraído, mas sofisticado.

Quando a apresentação terminou, Jingyi me acompanhou. "Todo mundo gostou muito de você. Meu tio me disse que poderia lhe conseguir um estágio no Departamento de Obras Públicas. E em alguns outros lugares também." Ela corou.

Achei que conseguiria disfarçar com mais facilidade. "É muito cedo para eu tomar uma decisão", respondi em um tom um tanto abrupto e, então, lhe desejei uma boa noite.

No caminho para pegar o ônibus do teatro para casa, fui tomado pela ansiedade. Caminhei em direção ao ponto na esquina pensando em meu futuro. Quando olhei para frente, vi alguém vestindo smoking e sapatos sociais, mas chorando como uma criança. Percebi que era Hope.

Corri até ele: "O que há de errado?" Hope se virou para mim e começou a chorar, parecendo ainda mais um garotinho. Assim como eu, ele foi levado ao concerto por uma garota. Wang Ziyi o instruíra previamente sobre como agir para impressionar seu pai, que também estaria presente. Hope esperou na frente do teatro e, ao chegar, ela disparou sem rodeios: "Você está ridículo nesse terno. O que foi que eu vi em você? Por que me dou ao trabalho? Sabe o que fiz meu pai passar só porque queria ficar com você?" Wang Ziyi mandou que Hope fosse embora. Ele percebeu que era o fim do relacionamento.

Nem tentei confortá-lo. Para mim, a separação era inevitável. Wang Ziyi já havia percebido que o relacionamento deles não representava, de fato, uma rebelião contra a forma que fora criada e ele estava longe de ser o agente de liberdade que ela imaginava. Wang Ziyi ainda estava em busca de sua rebelião.

Quando fui para casa no feriado, contei aos meus pais sobre Jingyi. Eles ficaram entusiasmados, especialmente quando viram a foto dela.

No entanto, eu ainda hesitava em me comprometer.

Tranquei-me em meu quarto e ponderei as escolhas que precisava fazer. Sabia que as decisões que tomasse naquela época determinariam o que eu me tornaria; e que escolher Jingyi seria uma escolha para a vida toda.

Dois dias antes do início do semestre, quando eu teria que retornar para a universidade, fui ao banco e transferi minhas economias para uma única conta. Subtraindo o valor das mensalidades do último ano, me restavam doze mil yuans.

Achei que era o suficiente para me arriscar. No fundo, eu sabia em que estava pensando...

Fiz minhas malas e voltei para o campus um dia antes. Ao chegar lá, marquei um encontro com Jingyi. Ainda não tinha tomado uma decisão definitiva e queria esperar até vê-la.

Jingyi era realmente uma jovem inteligente. Pareceu perceber por que eu a havia chamado. Até esse encontro fora organizado por ela. Pediu que eu levasse minha bicicleta para pedalarmos juntos até o parque à beira-mar e darmos um passeio. Levou até alguns dos meus poemas para que pudesse lê-los contemplando o oceano.

Era um belo dia. A vista era agradável. A brisa soprava aprazível. Jingyi queria que tudo fosse perfeito. Ela parou, se virou para mim e perguntou: "Então, o que você queria me dizer?"

Olhei para ela, sentindo uma onda crescente de repulsa e culpa. Todo esse sentimento era direcionado a mim mesmo. Eu me odiava por ser tão frio e calculista — e, mesmo assim, não ser capaz de seguir meus próprios planos. Sabia que estava prestes a magoar uma garota inocente.

Porém, eu não podia adiar mais.

Mais uma vez, fiquei impressionado com sua postura e inteligência. Jingyi não deixou de sorrir. Simplesmente me deu as costas, caminhou até a bicicleta e foi embora. Nunca mais nos falamos. Duas semanas depois, quando resolvi tudo no campus, comprei uma passagem de trem para Beijing.

O longo período de apatia e fadiga que se seguiu ao meu rompimento com Jingyi foi, conforme mais tarde percebi, o que os autores de romances chamam de amargura. Nunca imaginei que isso aconteceria comigo.

Um dia antes de partir para Beijing, empacotei todas as coisas do meu quarto alugado e as deixei no dormitório que antes dividia com Hope. Queria me despedir e saber notícias dele.

Hope sorriu, mostrando seus minúsculos caninos. Ele havia realizado uma reforma não autorizada do dormitório, desmontando minha cama a fim de ter mais espaço para guardar os instrumentos. Assim que entrei, ele quis tocar bateria para mim, depois me disse que tinha uma nova música para me mostrar no violão.

Não demorou muito para que largasse o violão e se sentasse no banco da bateria. Hope estava tentando manter as aparências, mas dava para ver a depressão à espreita.

Ele me disse que a banda tinha se separado. Contou o que os ex-integrantes estavam fazendo: um havia conseguido um estágio por meio dos contatos de seus pais; outro estava se preparando para fazer um mestrado e talvez conseguir um emprego como funcionário público... Integrar a banda tinha sido uma indulgência juvenil para eles, e o projeto acabou sendo abandonado. Viram que o futuro se aproximava e partiram em suas próprias trajetórias. Estavam engajados em outro objetivo: realizar o que desejavam para suas vidas.

Hope tornou-se a última pessoa da festa, limpando a bagunça.

"Então, quais são os seus planos?", perguntei.

Ele me encarou por um momento, calado, então tentou transparecer um ar casual e disse: "Vou procurar novos membros. Continuar tocando. Não se esqueça de com quem está falando — meu nome é Hope!"

Era nítido que não estava sendo sincero. Não seria capaz de enganar a ninguém, muito menos a mim. Dava para perceber que sua velha determinação se fora.

Tentei pensar em uma resposta apropriada. Talvez o melhor a dizer naquele momento fosse algo como: "Você precisa ser prático. Tem que pensar no seu futuro." Mas eu o poupei. Preferi me despedir e então parti.

Por que senti que precisava ir a Beijing? Nem eu sabia ao certo. Achei que era o melhor lugar para me dar um tempo.

Ao chegar, percebi que meu julgamento estava correto. Beijing é um lugar onde tudo se encaminha para um desfecho. Fui forçado a encarar os desafios e tentar traduzir meus sonhos em ação direta. Em Beijing, tudo é feito a nível nacional. Quando as pessoas na cidade falam sobre mudar o mundo, não estão de brincadeira. Suas palavras não são da boca para fora. Elas agem.

A cidade provocou uma reação quase hormonal em mim. Tive a sensação de que o mundo realmente era infinito — sentia uma espécie de vertigem. Em um lugar como Beijing, era preciso ser corajoso.

Minha chance de morar — ou ser devorado — em Beijing veio na forma de uma oferta de estágio para uma revista.

No início, senti que todos na cidade eram como formigas: uma cabeça inflada de sonhos sendo arrastada por um corpo esquálido que corria de um lado para outro. E então me tornei uma dessas formigas.

Depois que cheguei a Beijing, pensava em Hope de vez em quando. Não sabia se seria uma boa ideia encorajá-lo a ir para um lugar como aquele. À primeira vista, a cidade era alimentada por sonhos, então parecia o destino natural para alguém como Hope, mas eu sabia que os sonhos só se tornam realidade em um lugar como Beijing por meio de uma determinação feroz. Era preciso se imbuir dessa determinação e batalhar, mesmo que isso implicasse um grande sacrifício. Eu estava preocupado que Hope — que passava a maior parte do tempo em um mundo de fantasia — não estivesse pronto para as tediosas exigências de transformar seus sonhos em realidade. Eu me perguntava se ele teria paciência para realmente batalhar pelo que sonhara, se seria capaz de aceitar os sacrifícios. Não basta ter sonhos; é preciso ter perseverança.

Em dezembro, após minha chegada a Beijing, conversei com Hope por telefone. Ele ainda insistia no recrutamento de novos integrantes para a banda. "As pessoas precisam ouvir nossa música", argumentou, cheio de otimismo. Então, mudou de assunto e me perguntou como era minha vida em Beijing. "Eu fico imaginando como é viver aí."

"Bem, não sei o que dizer... É muito trabalho árduo, sempre tentando chegar ao próximo degrau da escada, mas é diferente, porque, mesmo que esteja progredindo lentamente, parece que você está trabalhando em direção a um objetivo claro."

"Você já teve a sensação de que tem o mundo inteiro na palma da sua mão?"

Fiquei sem saber o que responder. Qualquer pessoa que fizesse uma pergunta como essa não tinha a mais vaga ideia do que transformar os sonhos em realidade de fato exigia.

Eu sabia qual deveria ser minha resposta para a pergunta, mas me recusei a dizer. "Hope, você poderia estar aqui também. Todos os seus sonhos podem se realizar, mas é preciso mais do que apenas sonhar ou até mesmo se dedicar a algo. Você tem que ser pragmático. Tem que estar disposto a se rebaixar a outro nível às vezes, de modo a se sentir tão patético que mal consegue se suportar."

Finalmente decidi convidá-lo para ir a Beijing. Estava preocupado que Hope tivesse ficado grande demais para uma cidade pequena, mas que um dia achasse que seria impossível partir.

"Por que não vem para Beijing? Estou alugando um lugar aqui, e você pode ficar comigo por um tempo."

Sem nem mesmo parar para considerar, ele disse: "Claro!"

Comecei a planejar sua estada com antecedência, como era meu hábito. Quando saía do trabalho, me dedicava a preparar meu apartamento alugado. Queria que nós dois tivéssemos nosso próprio espaço. Fui a uma loja de móveis e comprei um colchão; depois, a uma loja de artigos de segunda mão e consegui uma estante. Enchi a estante de livros e coloquei-a entre os dois colchões como uma divisória improvisada. Movi a mesa de jantar baixa para o meu espaço; coloquei uma cadeira na parte que seria de Hope, imaginando que ele poderia usá-la se quisesse tocar violão.

Mas Hope nunca apareceu. Tentei telefonar, mas ele se recusava a me atender.

Por fim, tive de perguntar a alguns outros colegas de classe o que estava acontecendo com Hope. Desde que falara com ele pela última vez, sua vida saiu dos trilhos. Entrou em outra briga fora do campus, saíra com mais uma série de mulheres e seus professores estavam todos fartos dele. Era como se estivesse pulando de cabeça em um precipício. Queria se sentir vivo novamente. Pelo menos, recuperou o status de celebridade no campus. Mas sua glória teve vida curta: ele foi suspenso da universidade alguns meses antes de se formar.

Esse último detalhe me foi passado por Wang Ziyi. Sua verdadeira intenção ao me enviar mensagens de texto era perguntar sobre Beijing. Ela também pretendia morar na cidade. Imaginei que sua intenção era ingressar em uma escola de idiomas antes de ir para o exterior, ou talvez ainda ansiasse por se rebelar e Beijing fosse seu passaporte para a diversão. "Meus pais podem decidir o que querem para a vida deles", me disse na mensagem. A notícia sobre Hope veio como um pós-escrito casual: "Hope foi suspenso. Quem poderia imaginar? Na verdade, ele veio me ver. Queria que eu pedisse a meu pai para falar com o reitor da universidade. Sei que algumas pessoas pensam que ele é apenas comprometido demais com seus valores, mas não é nada disso... Ele finge acreditar em si mesmo, tanto quanto tenta enganar outras pessoas. Que hipócrita!"

Digitei com raiva: "Ele não está fingindo. Apenas não sabe como lidar com todos os seus sonhos, seus desejos... Ainda não descobriu como viver no mundo real. É normal ter um monte de ideias conflitantes que não conseguimos integrar em uma visão de mundo plena. Ele é um pouco ingênuo. Ainda não sabe quem é de verdade." Excluí a mensagem sem enviá-la. Não lhe devia qualquer explicação. Wang Ziyi também não sabia quem era.

Meu estágio em Beijing estava indo bem e decidi me voluntariar para trabalhar durante o feriado de Ano-novo, em vez de voltar para casa. Sabia que isso me renderia créditos com meus chefes, e ficar na cidade me permitiria economizar as despesas da viagem.

Certa noite, recebi um telefonema de Mamãe reclamando de passar o feriado sozinha. Quando desliguei o telefone, percebi que estávamos oficialmente em um novo ano.

Uma tigela de macarrão instantâneo com dois ovos seria minha refeição de Ano-novo.

De repente, meu telefone tocou de novo. Era Hope.

A primeira coisa que ele disse foi: "Lamento não ter retornado sua ligação."

"Por que você não veio para Beijing?", questionei.

"Eu estava quebrado. Sabe como é, não sou muito de economizar como você. Nunca fui muito precavido."

Ele passou a narrar vividamente a saga de sua suspensão, encerrando com uma cena de todo o campus reunido para assistir à sua partida. "Então, eu estava arrastando minha mala rumo ao portão da frente e, ao sair — dá para imaginar a cena? —, sentei-me bem ali, peguei meu violão e fiz um show. Quando terminei, todos vibraram. É uma pena que tenha perdido."

Subitamente, Hope pareceu exausto e suspirou. "Há algo que eu quero lhe dizer, mas preciso que guarde segredo."

"O que é?", perguntei.

"Acho que estou doente. Ouço barulhos em minha cabeça. Parece que algo está quebrando lá dentro."

"Há quanto tempo? É de tocar bateria?"

"Não é isso. Tudo começou depois que eu saí da universidade. Não toco mais bateria. Tentei arrumar emprego em um bar, mas você sabe que não sei cantar. Estou fazendo o possível para ter o que comer."

Percebi o que estava acontecendo com Hope: sua expulsão da universidade fora um grande revés e ele estava afundando cada vez mais em seu mundo de fantasia e perdendo o contato com a realidade.

"Você precisa sair dessa", argumentei. "Talvez eu possa falar com alguém na universidade. Se retomar os estudos, pode terminar o ano e começar a economizar dinheiro. Ou pode vir para Beijing." Eu estava tentando colocar sua vida de volta nos trilhos.

De repente, ele perdeu a paciência. "Ah, é isso que acha que eu devo fazer? Você quer me ver na pedreira de novo golpeando aquela marreta? Não consigo fazer isso. Eles querem me derrotar porque tenho mais liberdade do que eles jamais terão e eles não conseguem lidar com isso. Somos amigos, não somos? Você está agindo como se não me entendesse. Preciso que me empreste um dinheiro. Quero ir para Beijing, tenho que procurar um médico."

Tentei ser empático. "Hope, estou lhe falando tudo isso porque você é meu amigo. Posso lhe dar o dinheiro para vir a Beijing, mas o problema é..."

Ele desligou na minha cara.

Quando tentei ligar de volta, seu telefone estava desligado.

Eu estava com raiva, é claro, mas também confuso. Não entendia por que nunca consegui fazer Hope enxergar a realidade de sua situação.

Tentei imaginar como ele poderia estar vivendo. Hope sempre quis mais, nunca disposto a se contentar com uma vida medíocre. Mas o que nunca percebeu foi que alcançar os sonhos exigia muitos passos pequenos, medíocres e desinteressantes.

Ele tinha a insidiosa sensação de que fora taxado de perdedor. A certa altura, não foi mais capaz de se refugiar na fantasia. Ficou ainda mais ansioso e sensível. Resistia a qualquer questionamento dessa fantasia.

Talvez Hope se recusasse a me atender pois decidira que, se ele era o perdedor, eu deveria ser o vencedor.

Outros colegas não sabiam exatamente o que estava acontecendo com Hope, mas ocasionalmente transmitiam as poucas informações obtidas. Ouvi dizer que às vezes ele voltava furtivamente para o campus e criava problemas, acusando seus ex-colegas de medíocres e mexendo com as alunas mais jovens. Ele até convidou alguns de seus ex-colegas de classe para beber, mas depois desapareceu novamente. Certa vez, foi visto em um dos bares da cidade e, em outro momento, cantando na rua com seu violão.

Sem conseguir contatar Hope, obtive o telefone de sua família com o conselheiro da universidade. Eu queria convencer o pai a conversar com o filho para fazê-lo compreender exatamente como o mundo funcionava. Quando conversei com o professor rural de inglês sobre o qual Hope me falara tanto, achei difícil entendê-lo devido ao forte sotaque. Parecia um estrangeiro falando chinês. "Não se preocupe", me disse. "Ele está apenas extravasando um pouco. Mesmo que acabe fracassando, ele precisa colocar isso para fora ou vai acabar pensando que desperdiçou a vida."

Conversando com seu pai, percebi a raiz da ansiedade e do desespero de Hope, e por que ele preferia a fantasia à realidade. Tive certeza de que o pai não seria de grande ajuda.

Sem saber o que fazer, decidi ligar para Wang Ziyi na tentativa de recrutar reforços. "Ah sim", respondeu ela em tom casual, "ele apareceu aqui algumas vezes. Ficou do lado de fora da minha janela tocando violão, tentando me dizer que ainda me amava. Estava bêbado e não queria ir embora, então meu pai chamou a polícia e eles o levaram. Ele é realmente um completo...".

Eu sabia o que ela ia dizer, mas desliguei antes de ouvir.

Ainda estava preocupado com Hope, mas acabei rapidamente soterrado por minhas próprias atribulações diárias.

O estágio em Beijing foi um sucesso e, antes mesmo de me formar, recebi a oferta de um cargo permanente. Precisei voltar à universidade para a cerimônia de formatura e achei que talvez pudesse ver Hope.

Fui ao dormitório que havíamos compartilhado e o encontrei imaculadamente limpo. Uma pessoa me contou que Hope o havia limpado meticulosamente antes de sair, esfregando cada centímetro. Ninguém entendeu por que ele fez isso. Nem eu.

Hope havia levado seu violão, mas, surpreendentemente, deixou para trás todos os instrumentos que colecionou desde a formação da banda. Disse que esperava que outra pessoa pudesse usá-los, talvez alguém que acalentasse o mesmo sonho.

Dava para imaginar as emoções conflitantes que Hope deve ter sentido após ser forçado a deixar a universidade.

Quando eu morava lá, sempre senti que minha cidade universitária era pequena demais — apenas uma avenida principal com ruas menores saindo dela, cada uma devotada ao seu propósito particular —, mas parecia gigantesca enquanto eu andava de um lado para o outro à procura de Hope.

Havia apenas alguns bares para averiguar, depois as duas ou três lojas de música na Jiuyi Road. Hope não tinha muitos lugares para se esconder, mas não consegui encontrá-lo antes de retornar a Beijing.

O show tem que continuar. O intervalo termina e o ator volta ao palco. Eu precisava continuar desempenhando meu papel.

Eu disse adeus à minha universidade, à cidade e a Hope.

Beijing era de fato uma fera monumental. Assim que o avião pousou, a cidade começou a envolver seus inúmeros tentáculos ao meu redor, me arrastando para todos os tipos de cenários — novos desafios, novas histórias, felicidades, tristezas... Mergulhei em camadas de felicidade e tristeza. Beijing me envolveu em suas entranhas. A cidade é assim: dá para esquecer que existe um mundo lá fora.

Muitos de meus ex-colegas de classe haviam se formado para ser professores, e a maioria tinha conseguido empregos em suas cidades natais, mas alguns acabaram temporariamente em Beijing, para continuar os estudos ou fazer um curso. Fui o único a criar raízes na capital. Eu servia como comitê informal de boas-vindas para ex-colegas que passavam pela cidade.

Não me dava ao trabalho de perguntar sobre Hope, mas ocasionalmente eles o mencionavam. Eu não era tão próximo da maioria dos meus ex-colegas, então os velhos tempos e as pessoas conhecidas eram o único assunto em comum.

Ouvi dizer que Hope continuou a perambular pela vida. Quando finalmente não tinha mais onde ficar, ligou para o pai de um telefone público e pediu-lhe que o aceitasse de volta.

Os pais de Hope tiveram uma discussão violenta sobre o que fazer com o filho. A opinião da mãe prevaleceu. Ao cobrar alguns favores, ela conseguiu um emprego de professor para Hope na pequena escola em um vilarejo perto de Sanming. Suas aulas variavam de línguas e política à música.

Eu estava tão ocupado com minha própria vida que minha cabeça parecia prestes a explodir, mas às vezes pensava em Hope. De repente, eu o imaginava na escola do vilarejo, cantando com algumas crianças. Na minha mente, ele nunca havia perdido a paixão. Estava sorrindo, mostrando os caninos, o rosto iluminado. Eu também sorria ao imaginar a cena.

Era como se conseguisse sentir o mesmo que ele naquele momento.

Mergulhei no trabalho e passei os dois anos seguintes em Beijing. Em uma noite despretensiosa, meu telefone tocou. Era o diretor da associação estudantil da minha universidade. "Há alguma chance de você voltar aqui neste fim de semana? Gostaria de levá-lo a Sanming."

A princípio não percebi o que ele queria dizer. "O que está acontecendo?", perguntei.

"Hope faleceu. A associação de ex-alunos está planejando uma viagem até lá para apoiar a família. Já que vocês dois eram tão amigos, achei que gostaria de ter a chance de se despedir."

Parecia que eu tinha levado uma martelada na cabeça. Minha mente ficou vazia.

O diretor da associação estudantil me informou sobre os últimos passos de Hope. Não era nada do que eu havia imaginado. Ele tinha ido para o vilarejo e se tornado atipicamente taciturno, o que não era um problema tão grande assim; porém, quando falava, era para contar à família sobre o som em sua cabeça — como uma batida, ele disse, como se houvesse uma fera trancada dentro de seu crânio. Durante a noite, começou a ter dores de cabeça que acompanhavam os sons das batidas, e então os episódios começaram a acontecer ao longo do dia. E ele batia a cabeça contra a parede até sangrar.

No final, Hope não conseguiu continuar lecionando. Seu pai o levou a uma clínica, mas o médico hesitou em fechar um diagnóstico.

Uma semana antes de se matar, ele fez um último pedido ao pai: "Você pode me levar a Beijing para consultar um médico?"

O pai recusou.

A família havia gasto a maior parte de suas economias cuidando de Hope. O pai havia perdido toda a paciência com o filho.

O diretor da associação suspirou e disse: "Temos que cuidar uns dos outros. A vida é uma longa batalha. Ele é o primeiro de nós a sucumbir."

Sua voz pareceu sumir do outro lado da linha até que eu mal pude entender o que estava dizendo.

Ninguém mais conseguiu compreender — nem seus colegas de classe, nem Wang Ziyi, nem seu próprio pai —, mas eu sim: o monstro que se debatia em sua cabeça era um produto do mundo fantasioso em que Hope havia mergulhado. Ele o alimentou com fantasmas todos aqueles anos, até que ficou grande demais para sua cabeça. Ele pediu que o levassem a Beijing, e percebi que essa fora sua solução final.

Uma tristeza indescritível brotou em meu peito. Fiquei boquiaberto como um peixe, tentando falar, mas nada saía. Percebi naquele momento que, depois de todos aqueles anos guardando tudo, eu não conseguia extravasar minhas emoções. Mesmo naquele momento de intensa dor, ainda estava preocupado em incomodar meus vizinhos.

Durante quatro anos na universidade e dois anos trabalhando em Beijing, sempre me mantive sob estrito controle. Não fumava e não bebia, e nunca tinha encontrado uma forma de dar vazão às emoções que se acumulavam. Mantive tudo bem guardado porque queria manter o controle. Desejava continuar avançando em direção ao meu destino final.

Mas qual era realmente esse destino? Será que tudo isso tinha algum sentido?

Não consegui responder a essas perguntas.

Ainda não estava com vontade de chorar. Andei de um lado para o outro em meu quarto de nove metros quadrados. Suspirei, profunda e longamente, e parecia que estava finalmente liberando um pouco do que havia se acumulado dentro de mim durante aqueles anos. Os suspiros fizeram me sentir como se liberasse um vapor nocivo que tomara conta de minha cavidade torácica. Todas as emoções sufocadas ao longo dos anos sedimentaram dentro de mim, lentamente se transformando em um pântano tão escuro e profundo que poderia engolir o mundo inteiro.

Percebi que, assim como no caso de Hope, talvez Beijing também tenha sido minha solução final.

Talvez Hope e eu tivéssemos a mesma doença.

10
Não É Possível Esconder o Oceano

Cresci no litoral e meu pai já ganhou a vida como marinheiro, mas só conheci o mar aos seis anos.

A primeira vez que vi o mar foi no trajeto para visitar minha avó. Mamãe e eu caminhávamos por uma trilha entre os vilarejos, que são separados do mar por uma plantação de cana-de-açúcar. Eu não sabia que o oceano estava tão perto, mas percebi algo reluzindo através da cana-de-açúcar. Esperei até que minha mãe se distraísse e corri para espiar.

Mamãe ofegava atrás de mim, tentando me pegar antes que eu chegasse lá. Quando me alcançou, ela explicou que foi decisão do meu pai esconder o oceano de mim. Segundo ela, Papai tinha medo de que eu corresse para a água e algo acontecesse comigo. Na verdade, era mais complicado do que isso. Nas palavras de meu pai: "Eu gostava de brincar na água quando tinha sua idade. Adorava andar de barco. Foi isso que me fez tentar trabalhar no mar. É uma vida difícil. Desejo algo melhor para você. Quero que faça o ensino médio."

Em Dongshi, a pequena cidade onde cresci, acho que homens como Papai sempre foram a maioria. Porém, por mais de uma década, a cidade desenvolveu-se lentamente na direção oposta, espalhando-se para o interior como se quisesse fugir do oceano, que proporcionara às gerações anteriores grandes alegrias e grandes sofrimentos em igual medida. Para mim, a proibição dos meus pais tornou o oceano ainda mais atraente.

Em outra visita à minha avó, aproveitei a chance. Corri em meio ao canavial. O som da minha mãe me perseguindo, irritada, me fez correr ainda mais rápido. Disparei e pulei na água. Fui engolido pelo oceano. Afundei em seu abraço salgado. Ao olhar para cima, pude ver a luz do sol refletindo na água em pequenos fragmentos brilhantes. Fechei os olhos e, quando os abri novamente, estava em uma cama de hospital.

Não é possível esconder o oceano. Mas meus pais tentaram mesmo assim. Tinham sua própria dor e queriam me proteger, por amor. Quando ouvia o oceano quebrando ao longe, sempre achei que fosse apenas o vento. Quando sentia o cheiro do ar salgado que soprava da costa, sempre presumi que vinha da fábrica de fertilizantes. Mas, mesmo sem mim, o oceano continuou o seu bailado ao sabor das marés, brilhando e me chamando. Por ter permanecido um mistério escondido, quando finalmente tive a chance de experimentá-lo, registrei cada detalhe. Tornei-me fanaticamente devotado ao mar.

    Depois que quase me afoguei, Papai de repente decidiu me levar para passear de barco. É uma memória assustadora. Quando entramos na água, fiquei enjoado e vomitei a ponto de não ter forças nem para chorar. Implorei a meu pai que me levasse de volta à costa. Depois desse dia, perdi o hábito de correr loucamente até o oceano. Isso não significa que eu tinha medo do oceano, mas que aprendi a apreciá-lo. Gosto de sentar perto da água, sentir a brisa no rosto, me perder no vasto azul-celeste — mesmo quando estamos sozinhos, nunca nos sentimos solitários ao contemplar o mar. Quando fiquei um pouco mais velho, gostava de sair de moto e pilotar pela costa.

    Não é possível esconder o oceano, e não há como colocar uma cerca em torno dele. A melhor maneira é permitir que as pessoas encontrem sua própria forma de apreciá-lo. Cada extensão do mar é um cenário diferente, com seus próprios perigos. A vida é assim; o desejo é assim. Eu costumava pensar que poderia controlar cada elemento de minha vida e viver de acordo com minha própria lógica particular, a ponto de achar que meu autoengano era poderoso o suficiente para esconder coisas de mim mesmo. Achei que era a melhor maneira de viver. Mas a vida é como o oceano: tem inevitáveis marés altas e baixas.

Sempre quis viver com autenticidade e honestidade; queria ser capaz de aceitar — talvez até apreciar — os altos e baixos da vida.

Desejava ser capaz de viver com todas as nuances de emoção e estimar a beleza e a hediondez humanas em qualquer forma. Esperava absorver toda a paisagem que via ao longo do caminho e expressá-la com sensibilidade na minha escrita.

Estou decidido a encontrar a distância perfeita e a melhor forma de apreciar cada extensão do oceano.

Mil Cidades Idênticas

Por volta de 1998, meu pai cismou de vender nossa casa em Dongshi e comprar um imóvel em Xiamen. A velha casa de pedra tinha quase duzentos metros quadrados e ele planejava comprar um apartamento de 45 ou 50 metros quadrados na cidade. Papai adorava os dramas televisivos taiwaneses e todos eram ambientados em Xiamen. Ao comparar a vida em nossa pequena cidade à de uma grande cidade, ele sempre achava que faltava algo à vida suburbana. Lembro-me de que essa ideia surgiu em uma primavera especialmente chuvosa. O tempo quente e abafado pode provocar ideias estranhas. Um sentimento de descontentamento se espalhou pela família.

Por fim, meu pai decidiu ir a Xiamen para uma avaliação mais séria e me levou junto. Ele disse que isso me daria a chance de conhecer a vida na cidade grande. Naquela época, quase todo mundo de nossa pequena cidade enjoava em qualquer tipo de veículo. Automóveis e ônibus não eram muito comuns, então nunca nos acostumamos a andar neles. Para mim, o gatilho era o cheiro da fumaça de escapamento. Assim que entrei no ônibus com destino a Xiamen, fui atingido por uma onda de náusea. Saltei para vomitar e, ao olhar para cima, me deparei com uma fileira de carros, todos com o escapamento bafejando na minha direção. Papai não tinha medo de nada. Afinal, fora marinheiro. E me disse que eu acabaria me acostumando.

Quando cheguei à cidade, meu nariz sensível parecia incapaz de encontrar um canto que não cheirasse a fumaça de escapamento. Apinhado em um ônibus urbano, olhando para os bulevares gramados que ladeavam as ruas e para os prédios altos, tentei demonstrar algum entusiasmo pela paisagem, mas nada na cidade parecia especialmente interessante. Meu pai fez o possível para despertar minha curiosidade. Apontou para um prédio alto e disse: "Quantos andares você acha que aquele tem?" Respondi que não estava interessado em contar. "Você vê como eles pavimentam as ruas aqui? Isso é tudo ladrilho!" Limitei-me a comentar que já vira ruas como aquelas na TV. Ele insistiu: "Você viu os postes de luz naquele último cruzamento?" Falei que já tinha lido sobre coisas desse tipo. Eu simplesmente não estava interessado. Já sabia como era uma cidade grande. Para mim, um lago lamacento em meu próprio quintal trazia mais mistério do que qualquer canto de Xiamen.

Visitamos um dos meus primos que morava na cidade. Era meu primo, mas era quase da mesma idade que Papai e já tinha um filho seis anos mais novo que eu. Quando perceberam o meu tédio, o menino foi encarregado de me levar para passear. Achei que finalmente veria algo interessante, mas era mais um convite para contar os andares dos arranha-céus e inspecionar os materiais usados para pavimentar as ruas. A cidade parecia conter infinitas regras: era proibido jogar lixo fora do lugar; era preciso fazer fila para entrar nos ônibus; era necessário atravessar a rua na faixa de pedestres... Como eu era apenas uma criança, tive a impressão de que era um lugar horrível para crescer. Quando vi todo aquele concreto se estendendo até o horizonte, fui tomado pela tristeza. Não havia nenhuma criatura interessante à espreita ou flores exóticas na paisagem. Não havia lagoas lamacentas com girinos e peixinhos coloridos. Não havia lugares para cavar na terra.

Neste momento em que escrevo, estou em Beijing, onde o ar é tão ruim que entorpeceu qualquer sensibilidade que meu nariz algum dia já teve, e eu não seria capaz de apreciar o ar fresco mesmo que o tivesse. Tenho pensado sobre o que significa crescer em um lugar como minha cidade natal. Existe uma simplicidade nas pessoas que crescem fora de uma cidade grande, e com ela vem a sinceridade. Considero Xiamen uma das cidades mais bonitas da China, mas fiquei feliz por meu pai ter decidido não se mudar. Lembro-me de conversar com Ling Hulei, o diretor de criação da *New Weekly*, sobre nossas infâncias. Ele era de uma pequena cidade perto de Zhanjiang, em Guangdong, e eu, de uma nos arredores de Quanzhou. Segundo ele, não éramos casos atípicos. Ele havia notado a preponderância de jovens suburbanos e rurais trabalhando com literatura e jornalismo. Ele estimava que o número era cerca de 80%. Ling Hulei chamava esse fenômeno de "a invasão da aldeia nas cidades". Quando perguntou minha opinião sobre o motivo, respondi que era porque as pessoas que crescem em cidadezinhas tendem a ser simples e honestas.

No entanto, existem razões mais profundas do que essa explicação básica. Pessoas nascidas em cidades pequenas costumam partir para a cidade mais próxima, geralmente a capital do condado, e então avançam na escala até chegar a uma cidade de primeira linha. Conforme fazem essa escalada, elas obtêm uma compreensão clara de cada nível. Quando chegam ao nível seguinte, conseguem olhar para o local de origem com maior compreensão e assimilar totalmente o que aprenderam lá. Em uma jornada como essa, você adquire um entendimento de seu lugar no mundo. E, além de tudo isso, as crianças de cidades pequenas têm histórias melhores para contar do que as de cidades grandes.

Novamente, não quero que pareça que estou me referindo especificamente a Xiamen. De todas as cidades que visitei na China, diria que ela é uma das minhas favoritas, ao lado de Kunming. Meu problema é com as cidades em geral. A maioria das cidades na China, e isso inclui Xiamen, são construídas em torno de uma ideia simples: observe o que as cidades estrangeiras fizeram e como organizam seus cidadãos e copie o modelo. As cidades chinesas modernas não nascem nem são cultivadas de maneira orgânica. Tudo nelas é planejado. Os primeiros períodos da história foram mais caóticos, de modo que elas são construídas e governadas com um forte senso de ordem que controla como e onde as pessoas podem realizar certas atividades. Quem cresce nesse tipo de ambiente escolhe um entre dois caminhos: pode preservar e apoiar essa ordem ou trabalhar contra ela — mas, em geral, não desenvolve nenhuma forma secundária de ver o mundo.

A vida precisa de alguma turbulência; isso vale para o lago lamacento e para nossa própria educação. Se você comparar a água de um lago lamacento e a de uma fonte, a do lago sempre estará repleta de vida, enquanto a da fonte será praticamente estéril. Uma criança pode passar uma tarde inteira observando as inúmeras variedades de vida que existem em um lago lamacento. Uma criança da cidade, por sua vez, não consegue passar mais do que alguns minutos contemplando a paisagem urbana que fora cuidadosamente planejada e organizada até o último detalhe.

"Mil cidades idênticas" é uma frase que se tornou popular entre os arquitetos estrangeiros para descrever o ambiente urbano chinês. Toda cidade pode ser analisada por padrões que são muito familiares a esses arquitetos, mesmo que sejam de fora da China. Eles são capazes de perceber como e por que cada aspecto da cidade foi planejado, mas sempre faltará qualquer sinal de evolução natural e interconectada de pessoas e lugares. As cidades chinesas foram privadas de sua essência.

Da mesma forma que prefiro Quanzhou a Xiamen, sempre gostei mais de Beijing do que de Shanghai. A meu ver, Beijing não é uma cidade, mas, sim, a maior aldeia do mundo. Minha casa em Beijing fica perto do movimentado centro de Wangfujing, mas está localizada em uma pequena *hutong*, as estreitas vielas que outrora compunham a maior parte da paisagem urbana. Ainda sou fascinado por meu bairro, onde cada curva em minha caminhada a partir da rua principal revela algo. Ao passar por uma residência convertida em casa de chá — aninhada em um belo pátio —, posso ter a sorte de ouvir um senhor aquecendo sua voz com uma peça de ópera local; posso assistir a um jogo de xadrez se desenrolando sob os olhos de uma tia local desfrutando seu almoço. Beijing ainda é capaz de oferecer agradáveis surpresas escondidas em seus muitos cantos. É uma cidade com inúmeras camadas, que contém multidões. Shanghai é o completo oposto: uma metrópole avançada onde quem viu uma parte dela, viu tudo — tudo é igual.

A mesma comparação pode ser feita entre Quanzhou e Xiamen. Sempre digo que Xiamen é Quanzhou depois de uma bela plástica. Quanzhou é um lugar onde o trânsito de veículos e pedestres ainda não foi domado, onde ainda existem construções antigas e rústicas, e os hábitos locais mais desagradáveis ainda não foram civilizados. Gosto de apreciar a paisagem da estrada que circunda a ilha pela baía, mas ela nunca me emocionou muito. Jamais seria capaz de me tocar tão profundamente quanto a aparência da cidade na época do festival que comemora o aniversário do Buda, quando cada porta está cheia de oferendas, o ar está perfumado com incenso, todos estão rezando pela paz, e eu ouço em um beco de pedra o som de alguém cantando uma lenta e triste balada Nanyin.

12
A Pergunta a que Todos um Dia Devemos Responder

Na noite anterior à minha partida de Beijing, o tempo esfriou.

Às 21h, as ruas já estavam silenciosas. Acomodei Mamãe em um hotel em Wudaokou, então peguei um táxi e atravessei meia Beijing até a casa de Li Daren, em Nancheng. Durante toda a viagem, o vento uivava.

Sei que estou descrevendo um cenário um tanto sombrio, mas foi assim que me senti na época. Não sei ao certo o porquê. Também desconhecia de onde vinha o desejo de ver Li Daren e sua filha, Kiki.

O pai de Li Daren estava na casa dos trinta quando o filho, de que tanto se orgulhava, nasceu; por coincidência, Kiki chegou mais ou menos na mesma época da vida de Li Daren. Enquanto me contava sobre o pai, ele abraçou Kiki, que apoiava seu pequeno corpo em seu ombro. Observando Li Daren cobrir a filha de amor e beijos, fiquei comovido com sua ternura paternal.

Um ano antes, na ocasião da morte de Papai, Li Daren me disse que acreditava que o sangue de um pai flui para o corpo do filho. Eu também acreditava nisso.

Foi uma coincidência maravilhosa. Uma relação entre duas pessoas é sempre assim. Uma amizade acontece ao acaso, mas também parece inevitável. Nossos amigos desempenham seus próprios papéis em nossas vidas e também nos transformam, moldando-nos nas pessoas que nos tornaremos. Existe uma certa lógica pela qual cada pessoa conduz sua vida; se eu nunca tivesse conhecido Li Daren, minha própria lógica individual seria completamente diferente.

Li Daren era um homem direto e apaixonado. Era muito peculiar com relação ao jornalismo e às pessoas. Tinha um talento especial para detectar falácias lógicas e jamais permitia que seus interlocutores escondessem essas falhas. Ele não tinha vergonha de apontar quando alguém estava sendo evasivo, hesitante ou simplesmente confuso.

Cada vez que conversávamos, eu acabava magoado. Costumava ficar frustrado quando ele descobria exatamente o que eu não queria dizer. Às vezes, nem eu entendia como me sentia, e então Li Daren resumia tudo com absoluta precisão. Eu sabia que ele tinha as melhores intenções, mas não podia evitar o sentimento de decepção após nossas conversas.

Ele fez a mesma coisa comigo na noite em que fui vê-lo antes de deixar Beijing. Contarei sobre essa noite em especial porque mudou minha vida.

Como de costume, Li Daren me perguntou: "Como você está? Tudo bem? Converse um pouco comigo."

Contei sobre a época em que meu pai morreu, quando passei alguns meses em casa e por que decidi largar meu emprego para ficar com ele; sobre minha antiga cidade natal e os passeios de motocicleta sem destino em mente. Falei o quanto estava entediado e como havia perdido todo o interesse pelo trabalho. Confessei minha preocupação com a situação em que me encontrava.

Li Daren tinha o hábito de rir antes de falar. "Mas isso é apenas uma desculpa. Você sabe que a morte de seu pai não é a raiz de tudo isso. Essa é apenas a sua maneira de evitar uma pergunta que você não quer responder", afirmou.

Na época, eu acreditava que tudo poderia ser explicado pelo AVC de Papai, oito anos antes. Tudo girava em torno da doença de meu pai, da responsabilidade que eu sentia em relação à minha família e da carreira que planejei para ajudar em seu sustento. Em minha mente, havia uma explicação muito simples para o que eu tinha me tornado. Quando ansiava escrever um best-seller ou me tornar um escritor famoso, a motivação era conseguir arcar com o fardo financeiro da doença de Papai. Com a morte dele, senti como se tivesse perdido o foco da minha vida. Eu considerava minha indecisão e preocupação naturais.

Então, quando Li Daren argumentou que eu estava usando tudo isso para evitar enfrentar algo, fiquei com raiva. Mas ele se explicou: "A pergunta é: como quer viver sua vida? E você ainda não tem coragem de respondê-la."

A explicação parou por aí, mas achei que entendi o que ele queria dizer. Eu não sabia como desejava viver, então substituí qualquer ponderação real sobre essa questão por uma lógica estreita e utilitária que se baseava em uma desculpa pronta. Eu não tinha um objetivo além de ficar o mais rico e o mais famoso possível, e disfarçava até isso com palavras bonitas como "sonhos" e "responsabilidades".

Passado um tempo, agradeço o cuidado e a atenção de Li Daren. E estimo suas palavras.

Não acho que sou minoria por seguir em frente sem realmente saber como viver. Pessoas como eu buscam as desculpas mais fáceis — nossos sonhos e nossas responsabilidades — para evitar responder a essa pergunta-chave.

Desde que saí de Beijing e voltei para Fujian, tenho pensado na pessoa que fui durante os oito anos após o AVC de meu pai. Era um momento crucial em que eu deveria ter começado a considerar como me definir, a decidir como seria minha vida e quais objetivos deveria buscar, mas usei o infortúnio de minha família como desculpa para não enfrentar essas questões.

Eu me dedicava ao trabalho, constantemente sob pressão para nunca ter uma folga. Não queria precisar descobrir como preencher essas horas vagas e desejava jamais ter tempo para refletir sobre como deveria viver, o que eu realmente achava que era valioso e do que realmente gostava.

Relutava terminantemente em avaliar minha própria vida. E também não estava disposto a assumir o controle. Estava sempre fugindo, me escondendo atrás do que descrevia como minha responsabilidade para com minha família. Corria atrás de notícias e chamava essa atitude de perseguir meu sonho. Tudo na minha vida movia-se no ritmo do trabalho, então fiquei fragilizado, sofria com a inquietação e me sobressaltava ao menor sinal de turbulência.

Naquela noite, as palavras finais de Li Daren foram: "Pense bem sobre sua vida. Descubra como realmente aproveitá-la." Achei que tinha entendido o que ele queria dizer. A vida não é simples; vem com dificuldades. É mais complicada do que apenas permanecer fiel ao que você chama de seus ideais, e o significado de viver de forma autêntica somos nós que decidimos.

Talvez a vida seja como um quiz. Quando você se recusa a responder a uma pergunta, não pode passar para a próxima, e aquela questão não respondida continua a persegui-lo.

Quando saí da casa de Li Daren naquela noite, já eram 23h. A partir daquele momento, senti um conforto e um relaxamento sem precedentes. Antes disso, evitava meus amigos. Não conseguia nem me encarar, então não havia como enfrentá-los.

De repente, fiquei ansioso para entrar em contato com meu amigo Chenggang, cujas ligações eu vinha evitando. Ele era o vice-diretor do jornal da minha cidade natal. Era um workaholic que adorava conversar sobre jornalismo e vida. Era uma pessoa comprometida com seus ideais. Depois que meu pai morreu, ele costumava me ligar na tentativa de me animar.

Às vezes, a vida é como uma novela de péssimo gosto. Na manhã seguinte à minha conversa com Li Daren, recebi um telefonema de Yifa dizendo que Chenggang havia morrido. Ele tinha pouco mais de trinta anos e sofrera um ataque cardíaco. Para um homem tão comprometido com seus ideais, parecia uma forma apropriada de partir.

Perdoe-me, Chenggang, meu irmão, meu professor, meu querido amigo. Durante todo o caminho de volta para casa após me despedir de você, eu o culpei — por também não responder à pergunta e por deixar sua esposa, sua filha e seus amigos, como eu, com infindáveis arrependimentos por sua tão breve vida. Gostaria de ter lhe falado sobre como aproveitar a vida, de ter lhe dito que nunca deveríamos preencher nossas cabeças com falsos sonhos. Gostaria de ter lhe falado sobre o que deveríamos valorizar mais nesta vida e o que deveríamos ter percebido que realmente é valioso.

Perdoe-me, Papai, por me dedicar ao trabalho depois que adoeceu. Achei que assim poderia fazê-lo feliz. Mas, quando vi que guardava minha foto — a única que tinha lhe dado, desbotada pelo toque de seus dedos —, soube que o havia privado do que só eu poderia lhe oferecer, do que era mais valioso para você.

Este capítulo é dedicado ao meu pai e ao meu bom amigo Wang Chenggang.

13
O Regresso

Eu ainda sentia o conforto familiar: conhecia cada pedra, e cada pedra me conhecia. Conhecia cada canto do bairro e como os anos se acumularam ali, transformando-os; e cada canto do bairro me encarava de volta, observando as mudanças do tempo em mim.

Regressei à minha cidade para convalescer, mas, ao repousar em meu leito, foi o poder de minha memória que pareceu se recuperar. Pensando em tudo o que havia acontecido nos últimos anos, concluí que a única coisa de que poderia me orgulhar era da escolha do cemitério de meu pai.

O cemitério fica em um bairro nobre e minha mãe não gostou do preço. Foi uma demonstração de vaidade, mas apreciei minha capacidade de finalmente fazer algo por Papai, a quem nunca fui capaz de dar uma vida melhor.

Depois que meu pai faleceu, sua urna foi colocada em um columbário perto de sua antiga escola. Foi ideia de Mamãe, já que ela se ofereceu como voluntária em um templo próximo e era conveniente passar por ali e desejar um bom dia ao marido. Ela também levara em consideração a cintura de Papai. "Ele está engordando", explicou, "então achei que gostaria de ter o campo de esportes da escola logo ali, já que adorava fazer exercícios".

Em minha pequena cidade natal, havia uma crença quase universal de que os deuses nos observavam e os espíritos dos que partiram estavam sempre à espreita. Nosso mundo e o submundo eram separados apenas por uma fina membrana. Todos sabiam que os espíritos viviam da mesma forma que nós, apenas do outro lado da barreira entre os mundos. Eles tinham fome, às vezes comiam demais e começavam a engordar. Os espíritos podem ficar felizes ou tristes, entediados ou doentes...

Meu pai continuou vivendo como sempre, ainda em nossa pequena cidade. No aniversário da morte dele, Mamãe queimou incenso de ágar em frente à placa sepulcral e perguntou: "Como estava o pato marinado?" De vez em quando, alguém da família percebia algum sinal de sua presença e, quando contavam à minha mãe, ela o visitava para ler sutras. "Você precisa ler isso", aconselhava ela com severidade, "ou nunca entrará no Paraíso Ocidental".

Isso continuou por alguns anos, até que o Segundo Tio inesperadamente faleceu. Seu filho, que era bem-sucedido nos negócios, queria que o lugar de descanso do pai fosse agradável.

Ele percorreu de carro os cemitérios da região, avaliando as vantagens e desvantagens de cada um. Acabou decidindo pelo Jardim da Colina da Velha Ameixeira, que havia sido construído com dinheiro de um empresário taiwanês.

O preço era alto, mas meu outro tio insistia. Desejava que os dois irmãos ficassem juntos novamente. "Eles eram tão próximos", argumentou. "Por que separá-los agora?"

Ele imaginava que os dois irmãos continuariam juntos, bebendo e contando histórias, perambulando por aí para assistir a algum show.... Os dois irmãos mais novos — o Terceiro e o Quarto Tio — estavam de pleno acordo; os primos foram unânimes. Minha mãe, porém, estava hesitante. Ela se recusou a explicar o motivo e, por fim, uma das tias foi enviada para perguntar pessoalmente. "É muito caro", respondeu Mamãe, "e, de qualquer forma, fica muito longe. Você sabe que fico enjoada em viagens. Será impossível visitá-lo". E esse estado de espírito perdurou por um tempo.

Quando todos os outros esforços se esgotaram, fui recrutado para pressionar minha mãe a se decidir. Ela me encarregou da palavra final. Desde que meu pai teve o AVC, quando eu estava no segundo ano do ensino médio, Mamãe me outorgara o papel de chefe da família, e muitas vezes cabia a mim decidir questões como essa.

Durante esse período, eu estava em Guangzhou e voltei correndo para casa a fim de ver o cemitério escolhido. Até então eu era assombrado pela necessidade de retribuir a meu pai de alguma forma. Não chorei quando ele faleceu. Estava furioso comigo mesmo, pois havia perdido minha chance de fazer algo por ele. Minha dívida de gratidão era enorme e eu temia que nunca fosse capaz de pagá-la. O jazigo era uma forma de retribuição. Talvez Mamãe ainda tivesse dúvidas, mas ela teve que aceitar minha decisão.

No dia em que Papai seria transferido do jazigo adjacente à escola para o cemitério de luxo, minha mãe passou o dia inteiro chorando. Não contou a ninguém o motivo e resistiu a qualquer esforço para animá-la. O mau humor era contagioso e acabei chamando-a de lado para perguntar qual era o problema. Ela parecia uma criança falando em meio aos soluços: "Não consigo parar de pensar que não poderei vê-lo todos os dias agora."

Minha tarefa no dia da transferência para o novo local de descanso era carregar sua pesada urna de pedra. Enquanto eu lutava para abrir caminho em direção ao novo jazigo, carregando a urna, um de meus primos brincou com meu pai: "Você deve estar comendo bem aí, engordou alguns quilos, hein? Seu filho magricela não consegue nem carregá-lo agora."

O peso da urna tornou-se ainda mais problemático quando chegou a hora de baixá-la na sepultura. Achava que não teria forças para colocá-la do jeito certo sem ter que enfiar a mão por dentro. No entanto, de acordo com a explicação do mestre local de feng shui, era um grande tabu uma alma viva entrar na tumba, e isso incluía até a sombra de uma pessoa.

Finalmente descobrimos uma forma de colocar as cinzas na tumba; deitei de bruços e meus primos depositaram a urna em minhas mãos para que eu pudesse acomodá-la no lugar. Deitado naquele pedaço de terra em que Papai logo seria colocado, me senti tão próximo quanto se estivesse pressionando a minha bochecha contra o peito de um ente querido. Coloquei a urna no chão o mais gentilmente que consegui e todos aplaudiram. Sem conseguir evitar, derramei discretamente algumas lágrimas inesperadas. Tinha certeza de que meu pai ficaria feliz com minha escolha. Não sabia bem o porquê, mas tinha certeza. Eu me deitei naquele solo e senti seu calor e conforto.

Quando acordei na manhã seguinte, Mamãe me contou sobre o sonho que teve. Meu pai disse a ela: "Blackie me comprou um novo lar. É muito agradável..." Ela sorriu para mim, mas passou a maior parte dos dias seguintes de mau humor porque não podia mais visitá-lo todos os dias.

Francamente, eu ainda tinha alguns arrependimentos por ter transferido meu pai. O jazigo no cemitério tinha cerca de nove metros quadrados, mas jamais seria páreo para as enormes tumbas em que meus ancestrais favoritos estavam enterrados.

Essas tumbas tinham mais de 37 metros quadrados. Continham um túmulo no centro, onde os restos mortais do falecido eram enterrados, uma pedra memorial, um altar para oferendas na frente e uma estreita plataforma elevada em formato de ferradura que circundava a parte de trás e as laterais.

Quando se reuniam para limpar a tumba e oferecer sacrifícios, os familiares acendiam velas e queimavam incenso no altar e colavam papel colorido na plataforma.

A última vez que visitei as tumbas na ocasião do Qingming, o festival de limpeza e arrumação dos túmulos dos ancestrais, era um dia úmido com um pouco de vento. Lembro-me de suar enquanto colocava o papel colorido e de sentir a brisa úmida percorrendo minha pele.

Sempre gostei do Qingming. É um momento para a família se reunir e cuidar da morada final de nossos ancestrais comuns. A composição do Qingming nunca era estática: a cada ano, os idosos ficavam mais velhos e sempre havia recém-chegados na família. Os familiares mais velhos que estão ao seu lado no Qingming um dia farão a passagem para o outro lado e vocês se encontrarão novamente — mas um de vocês estará debaixo da terra e o outro, acima. Os jovens que compartilham esse momento com você um dia serão aqueles que varrerão seu túmulo. A tradição me dá uma sensação de estabilidade no mundo, de modo que não tenho mais medo da vida ou da morte.

Eu havia regressado para casa com o objetivo de me recuperar, mas, como era Qingming, me juntei aos meus parentes para a limpeza dos jazigos de meu pai e meu tio, então, à tarde, insisti em acompanhar o restante da família montanha acima até os túmulos que abrigavam minha avó, meu avô, minha bisavó e meu bisavô, e assim por diante ao longo de toda a árvore genealógica... A encosta da montanha estava radiante com as tiras de papel colorido, o burburinho das homenagens de familiares e as explosões dos fogos de artifício. O cheiro de pólvora misturado ao da terra depois da chuva — para mim, esse era o aroma do Qingming. Era um cheiro que eu conhecia desde quando era um dos mais novos, embora, nas visitas posteriores, fosse chamado de tio pelos mais jovens, que já eram quase da minha altura e se interessavam em conversar sobre política.

Nos túmulos de meu avô e de minha avó, a família, unida pelo sangue, deu continuidade à tradição. Eles se sentaram juntos na plataforma ao redor dos montes sepulcrais, como se embalados no colo do venerável falecido.

Naquele momento, me senti como um anel de crescimento em um tronco rachado, serenamente aninhado entre inúmeros outros círculos concêntricos.

Eu acreditava em espíritos; acreditei que Papai visitou minha mãe em sonho. Quando me deitei na terra na qual ele estava prestes a ser colocado, senti uma profunda conexão, e era muito característico de meu pai, pensei, descrever seu lugar de descanso como seu novo lar. Um lar não é simplesmente uma estrutura que dá abrigo, mas um lugar ao qual você está ligado por sangue e solo.

Depois que deixei minha pequena cidade natal e fui para longe, sempre que encontrava contratempos ou sentia que minha determinação estava esmorecendo, meu primeiro impulso era correr para lá, mesmo que a viagem muitas vezes fosse inconveniente.

Mamãe costumava me dizer em minnan, nossa língua local: "Se não voltar para o Ano-novo, é melhor que não tenha um lar; se não limpar os túmulos no Qingming, é melhor nem ter ancestrais." Suas palavras foram parte do motivo pelo qual voltei para o festival, mas havia algo além, algo que me atormentava e eu não sabia o que fazer.

Acumulei muitas milhas aéreas em viagens de negócios e voos angustiados para casa, e as troquei por uma passagem na gloriosa classe executiva. Quando telefonei para minha mãe e contei sobre a troca de milhas ganhas percorrendo o país por um voo para casa com conforto luxuoso e caro, percebi que era uma espécie de metáfora para minha vida.

O voo para casa estava repleto de pessoas como eu, todas voltando da cidade grande para a Costa Sul de Fujian. Todos na classe executiva — carregados de presentes e oferendas para o festival — falavam minha língua materna. "Tenho que ir ao túmulo do meu tio desta vez", ouvi um homem dizer. "Lembro-me de como ele costumava me colocar no colo quando eu era menino e me oferecer goiaba." "É uma pena que nunca tenha conhecido sua avó", lamentou uma mulher. "Ela costumava guardar os melhores pedaços para mim." Percebi que minha vida era quase idêntica à de muitos minnans e chineses além-mar. Trabalhávamos até a exaustão, apenas para poder voltar para casa com dignidade.

Naquela tarde do Qingming, durante uma pausa nas cerimônias, Mamãe começou a me provocar por causa de minha saudade de casa. E me contou uma história. Enquanto eu estava na universidade, fazendo de tudo para ajudar minha família a sobreviver, um dos meus muitos empregos de meio período era dar aulas particulares em uma escola preparatória para exames e, um dia, quase desmaiei devido ao excesso de trabalho. Algumas pessoas se reuniram para me levar ao hospital, mas eu estava delirando de febre e me recusava. Entre episódios de perda de consciência, em vez de pedir um médico, eu gritava e chorava histericamente: "Quero ir para casa, quero ir para casa."

Por que eu queria ir para casa? Depois que a febre baixou, abri os olhos e me vi na minha própria cama. Minha mãe me disse que ninguém conseguira me convencer a ir para o hospital, então me colocaram em um táxi e me mandaram para casa. "Qual o motivo dessa fixação?", perguntou ela, me provocando. "Por que queria tanto voltar para casa?" Tentei encontrar uma resposta às suas perguntas, mas fiquei sem palavras. Apenas corei.

"Qual o motivo dessa fixação?"

Eu tinha passado por tantas coisas enquanto estive fora, a viagem para casa foi longa e árdua e, nos dias que se seguiram ao meu regresso, ponderei o que havia me atraído de volta. Ao analisar as coisas friamente, minha cidade natal era monótona. O bairro era caótico, cheio de edifícios horríveis, a maioria deles com fundações de pedra bruta e paredes de concreto armado. Até mesmo as casas construídas com tijolos vermelhos pelos chineses de além-mar conviviam lado a lado com cabanas feitas de taipa e barracos onde trabalhadores migrantes criavam patos no telhado.

Eu gostava especialmente das poucas vielas de pedra que restaram. Quando chovia, se tornavam traiçoeiras, mas, ao passear por elas, ainda podia sentir o ar romântico — até me deparar com uma avenida cheia de concreto. Havia templos por todos os lados naquelas vielas, e o cheiro de incenso de ágar ainda pairava na rua — até que a poeira e o odor de um canteiro de obras o sufocava.

Não pude deixar de me perguntar: *Por que ainda sou tão dependente deste lugar?*

Na tarde do Qingming, voltei ao bairro sozinho e caminhei pela paisagem urbana tão familiar. Peguei um guarda-chuva e caminhei até minha antiga escola primária. Com todas as crianças de folga para o festival, parecia deserta. Atravessei o barulhento mercado molhado, onde a mesma mulher de meia-idade ainda oferecia seus produtos na barraca de carne marinada, cortando cada item com precisão de laser. Parei diante do velho corcunda que vendia gelatina de verme do mar em uma caixa de metal enferrujada. Resolvi pedir alguns pedaços, observei enquanto ele enfeitava as bolas de gelatina com as guarnições, depois me afastei um pouco e as comi.... Quando cheguei em casa, resolvi levar minha moto para passear, sem avisar minha mãe qual seria o meu destino. Pilotei até a costa e caminhei por um tempo. Ao retornar, estava um pouco zonzo, mas também senti certo alívio por ter voltado para casa.

Eu ainda sentia o conforto familiar. Conhecia cada pedra, e cada pedra me conhecia. Conhecia cada canto do bairro e como os anos se acumularam ali, transformando-os; e cada canto do bairro me encarava de volta, observando as mudanças do tempo em mim.

Quando cheguei em casa, subi até o último andar e contemplei a cidade. Com a chuva caindo, as estradas de ladrilhos pareciam ainda mais exuberantes e as casas de tijolos vermelhos reluziam. No meio do caos das obras e da decrepitude das casas parcialmente reformadas lá embaixo, em meio à fumaça do distrito industrial, uma senhora com flores no cabelo voltava do mercado molhado carregando uma cesta, um comboio de pescadores regressava da costa e uma voz ecoava de alguma estrada, cantando uma melodia na língua minnan... No fundo, senti que esses eram os ingredientes da minha alma. Talvez não seja justo dizer que meu coração contém essa paisagem, mas essa paisagem certamente foi o que me moldou.

Após alguns dias de indulgência, decidi que era hora de começar minha convalescença para valer. Deitei na minha cama com a chuva aparentemente interminável caindo do lado de fora. Eu me senti como uma criança de novo, preguiçosamente absorvendo o cheiro de terra molhada enquanto me espreguiçava na cama. A umidade e o calor eram tão familiares e confortáveis que pareciam o abraço de uma pessoa amada. Senti um aconchego inexplicável percorrer meu corpo. Pensei em meu pai sepultado na terra e decidi que ele devia sentir o mesmo que eu.

Adoro o cheiro da terra desde que era jovem. Nunca tive medo de morrer, pois isso significaria simplesmente voltar para casa, para o solo de minha terra natal. Pelo contrário, o problema era viver. Os bebês engatinham e, então, aprendem a se levantar porque querem se libertar da terra. Depois, continuam escalando, avançando, movidos pelo desejo, pelos ideais, pela ambição. Mas nossos pés estão para sempre fincados no solo. Em comparação à morte, é a vida que mais exige de nós. Talvez viver muito intensamente represente uma espécie de obstinação, mas nem sempre é o modo de vida que devemos seguir.

Naquela tarde, sentindo o cheiro forte e fresco da terra, caí em um sono profundo.

No meu sonho, eu era criança novamente, vagando para longe de casa. Estava descalço caminhando por uma das vielas de pedra. Conhecia as pessoas e conhecia as pedras. As pessoas e as pedras me perguntaram para onde eu ia. Respondi que daria uma espiada, só uma espiadela. Comecei a correr freneticamente

mente, passando pelas pedras e pelas pessoas, que tentavam me alertar. Lentamente percebi que minha corrida desesperada me levara a um lugar desconhecido. Não reconheci a sensação exalada pelo lugar. Não reconheci as pedras. Os tijolos vermelhos haviam desaparecido. Senti um pânico repentino, como se estivesse mergulhando em uma caverna escura. Parecia que o chão havia ruído sob meus pés. Comecei a chorar, mas a curiosidade manteve minha mente aguçada, me forçando a contemplar o cenário desconhecido.

Era um lugar lindo. Havia uma praia que eu nunca tinha visto antes, cujo nome eu não sabia. Havia alguns barcos grandes flutuando, e um bando de aves marinhas davam rasantes sobre a água. Eu poderia passar o resto da minha tarde lá — mas não era meu lar. Não pude conter meu medo. Por que estava ventando tanto? Por que a areia estava tão seca? Onde estavam as pedras que eu conhecia? Olhei para trás e percebi que a viela de pedra estava à minha espera, não muito distante dali.

Corri para a viela como se estivesse sendo perseguido. Eu corria e chorava, corria e ria, tudo ao mesmo tempo, e continuei até chegar em casa. Bati à porta e minha mãe a abriu. Ela nem desconfiava de minha fuga frenética, mas viu meu rosto pálido coberto de lágrimas. Ela não perguntou o que havia de errado; não me repreendeu por vagar por aí. Apenas abriu mais a porta e disse: "O que você está fazendo? Por que não entra?"

Usei a última gota de energia em minhas pernas para me arrastar para dentro. O cheiro do fogão, da lenha úmida e do cachorro me envolveu em um abraço. Naquele momento, eu soube que estava em casa. Deitei no chão. E, quando acordei do sonho, caí no choro. Talvez, pensei, eu nunca tivesse deixado minha cidade natal, mas apenas me perdido por um tempo, visto a beleza de um novo lugar e me assustado. Regressei ao meu lar e sabia que sempre poderia voltar. Sempre encontraria a viela estreita que me levava de volta para o lugar ao qual eu pertencia.

14
Para Onde Vai Este Trem?

Devo ter passado por lá ao menos uma vez
No rio onde você se banhou
Sua infância aos seis anos
Flutua na superfície da água
Olhei para o alto
Vi uma enorme
Tangerina
Pendurada lá em cima
Eu sei
Assim é o crepúsculo
De toda infância

— "História de Todas as Viagens"

Escrevi esse poema no trem para Nanping em algum momento do meu primeiro ano do ensino médio. A viagem foi um prêmio para mim e a primeira vez que peguei o trem sozinho.

Como o sul de Fujian costumava ser considerado um front marítimo, nunca foram construídas muitas linhas de trem, e essa rota pelas montanhas era uma das poucas.

Eu havia embarcado na costa e agora mergulhava em uma paisagem montanhosa exuberante. Luz e sombra escorriam pela janela do trem como um riacho. Observei as casas enfileiradas ao longo dos trilhos se aproximarem em grande velocidade e serem arrastadas para longe com a mesma rapidez. Em um pátio em ruínas, vi uma senhora embalando a neta que chorava, depois um homem sentado em um bloco na frente de um portão fumando seu cigarro e, mais adiante, uma jovem com a mochila pendurada nas costas, olhando atentamente para a porta fechada de uma casa, como se hesitasse em entrar — e cada pessoa escapulia à medida que o trem me impelia.

Tentei imaginar a vida dessas pessoas que o trem me apresentara em breves pinceladas, mas outras continuaram surgindo, até que finalmente o sol começou a se pôr e o trem me levou para longe da cidade, para o interior, onde, em meio à paisagem brumosa, apenas pequenos pontos de luz ocasionais eram visíveis. O brilho alaranjado do pôr do sol reluzia como cetim, deslocando-se pela paisagem como se fosse obra de uma criança arteira.

Fui acometido por uma emoção inesperada. O que acontecia lá, onde aquelas luzes fracas tremeluziam? O que fez aquela senhora pegar a criança nos braços? No que o homem pensava enquanto fumava na frente do portão? Por que a garota hesitava em abrir a porta?

O prazer de viajar é que tudo acontece muito rápido. O viajante trilha seu caminho com leveza e alegria. Mas também há um lado obscuro: como tudo é tão efêmero, nunca se torna nada além de uma paisagem.

Um dia, quando visitava minha antiga universidade, essa viagem no meu primeiro ano do ensino médio de repente me veio à mente. Um ex-professor me convidou para palestrar para novos alunos. "O que Vemos ao Longo do Caminho" foi o tema sugerido. Antes do início, sentado em minha antiga carteira na sala onde assistira a muitas aulas, as lembranças repovoaram minha mente.

Não importa o que esteja enfrentando, muitas vezes é a duração — tanto quanto a experiência em si — o que torna tudo tão brutal.

Nove anos antes, sentado na mesma sala de aula, minha mente estava em outro lugar, ocupada com pensamentos sobre a condição de Papai, parcialmente paralisado por um AVC, o que lançou minha família em uma terrível situação da qual parecia não haver saída. Pensando bem, senti como se observasse outra pessoa que por acaso compartilhava meu nome. O que Cai Chongda estaria pensando? Ele queria descobrir como ganhar dinheiro suficiente para levar o pai aos Estados Unidos para um tratamento. Ele desistiria de luxos simples se isso significasse que economizaria o suficiente para presentear Nana com uma viagem. Cai Chongda estava pronto para arriscar tudo. Desejava ser famoso. Queria deixar seu antigo chefe, Wang Chenggang, orgulhoso. Ansiava por cumprir a promessa de um dia escrever um livro e transmitir a seguinte mensagem aos filhos dos pacientes do Hospital Popular Fujian Second: ainda há esperança, nunca desistam...

O Cai Chongda que voltou para a sala de aula naquele dia havia perdido o ímpeto e o idealismo. Seu pai, Nana e Chenggang tinham partido. O novo Cai Chongda havia perdido contato com o mundo real e parecia flutuar acima dele. A única maneira de manter contato com o solo firme era mergulhando no trabalho.

Nos últimos anos, vivi na lacuna entre os mundos. Quando se tratava da minha vida, eu nunca estava disposto a dar um passo real à frente. Em meu trabalho como jornalista, desempenhei o papel de registrador desapaixonado de acontecimentos, de observador casual dos fatos. Poderia me espremer no meio da multidão e ser arrebatado por sua raiva ou alegria, mas meu coração sempre estava frio e distante.

Comecei a me considerar um eterno viajante. Assim como na primeira viagem que fiz de trem para as montanhas, eu só permitia que as pessoas se aproximassem o suficiente para, às vezes, compartilhar um momento fugaz e então seguir em disparada. Tentei me lembrar de que não era bom estar preso emocionalmente a algo, porque a vida, como um trem, continua em movimento. Não há como congelar um instante. Com o tempo, me acostumei ao meu papel. Aprendi a ser indiferente. Eu me considerava um viajante, mesmo quando parecia enraizado.

O convite para a palestra surgiu, por pura coincidência, porque precisei voltar à minha cidade natal para solicitar documentos de viagem para Hong Kong e Macau. As memórias daquele dia na sala de aula foram um choque de realidade há muito adiado, desferido como um golpe de martelo na cabeça.

Quando voltei para minha cidade natal, saí para um passeio de moto. Vi que a taverna que meu pai abrira anos atrás havia se transformado em um depósito. O posto de gasolina fora demolido e havia planos para a construção de um parque no local. A velha casa de Nana fora dividida em alojamentos para trabalhadores migrantes, e a roseira que eu tanto amava havia murchado e se transformado em alguns galhos retorcidos. Quando fui a Quanzhou visitar a redação do jornal em que trabalhara com Chenggang, Zhang, o novo diretor que assumira após o falecimento de Chenggang, me mostrou um documento oficial anunciando que eles encerrariam as atividades no final do ano seguinte.

O diretor Zhang me convidou para uns drinques, mas inventei uma desculpa e saí apressado. Assim que cruzei a porta, desatei a chorar. Tive medo de que, se ele mencionasse o nome de Chenggang e como o pobre homem trabalhara até a morte, nenhum de nós fosse capaz de manter a compostura.

O tempo é cruel. Meu pai pode ter sido um fraco, mas era um bom homem e desapareceu sem deixar vestígios. Chenggang, que eu considerava um irmão, se dedicou ao trabalho, lutando para sobreviver, apenas para brilhar por um instante e depois se apagar. E Nana, a quem eu tanto amava, que parecia indestrutível como uma rocha, também havia sucumbido. A vida é assim: as pessoas percorrem sua jornada e depois são arrebatadas, desaparecendo sem deixar muitos vestígios de que viveram, muitas vezes sem nem mesmo um lugar a visitar para evocar a sua memória.

E quanto a mim, vivendo minha vida como se ainda estivesse a bordo daquele trem, tudo que podia fazer era gritar até ficar rouco — e eu sabia que seria inútil. Não havia como quebrar o vidro e chamar as pessoas que eu amava, nenhuma forma de parar o trem a fim de beijá-las ou tomá-las em um abraço apertado, não havia como insistir em ficar com elas. Qualquer tentativa de retardar o avanço impetuoso da vida seria inútil.

Certo dia, percebi que não conseguia mais aceitar viver assim. Não queria ser um viajante, sempre só de passagem, como se fugisse de algo. A vida humana pode ser uma jornada, mas é necessário certo estado de espírito e determinadas habilidades para que a pessoa consiga apreciar a passagem durante toda uma vida na estrada. Eu não queria flutuar pela vida, sem nunca fincar meus pés em um lugar por muito tempo. Desejava me estabelecer, criar raízes, brotar, crescer e fornecer abrigo para meus entes queridos.

Peço a compreensão daqueles que amo e dos que me amam. Ainda que seja inútil, farei tudo ao meu alcance para desacelerar o avanço impetuoso do tempo. Entalharei suas memórias em meus ossos, para que, mesmo que seu corpo físico seja varrido do mundo, eu as carregue comigo, junto com seus nomes. Só assim poderei resistir ao avanço do tempo.

Nunca entendi por que o trem da vida tem que viajar em tamanha velocidade e fazer incontáveis desvios. Assim como uma criança birrenta, recuso-me a aceitar. Para onde estamos indo e por que temos que chegar lá tão rápido? Sei que não sou o único. Posso ser um dos poucos que erguem a voz para reclamar, mas sei que mesmo os que se calam estão insatisfeitos. A maturidade não nos ajuda a aceitar; ela apenas proporciona a habilidade da autoilusão. Lembro que, quando voltei daquela primeira viagem de trem, escrevi outro breve poema, chamado "O Mundo":

Este não é um mundo grande
Não há lugar onde eu precise estar
Posso ficar aqui
A observar
Até que tudo envelheça

É um poema um tanto infantil, mas não amadureci muito desde que o escrevi. Ainda sou tão imaturo quanto era. A ideia expressa no poema resume minha resistência pueril à passagem do tempo: o desejo de conter o avanço e me agarrar ao que mais prezo. Mas continuo sem forças. Não quero perder esse sentimento, ainda que ingênuo. Mesmo a toda velocidade, quero tentar viajar ao lado daqueles que amo enquanto puder; mesmo a toda velocidade, espero que possamos nos transformar em uma bela paisagem na vida um do outro — isso é tudo que sou capaz de fazer.

Escrevi este texto para um amigo, colocando em palavras muito do que se passava na minha mente. Gostaria de agradecer a ele. Mesmo que sejam cruéis, queria agradecer também ao tempo e ao destino pelo que me revelaram. Tudo inevitavelmente tem um lado obscuro e um lado bom. Se deseja navegar pela vida, o mais levemente possível, é preciso aprender a se comprometer. Meu amigo foi quem primeiro escreveu: "A maturidade não nos ajuda a aceitar; ela apenas proporciona a habilidade para iludir a nós mesmos e os outros." Existe alguma forma de passar a vida sem desenvolver esse tipo de pessimismo?

Posfácio

No meu trigésimo aniversário, por acaso eu estava em Londres. O itinerário planejado me levou ao Museu Britânico.

O museu tem exposições temporárias nos espaços principais e, no dia de minha visita, havia uma chamada *Living and Dying*.* Parte dessa exposição era uma instalação chamada *Cradle to Grave*,** mostrando históricos médicos representados por vários produtos farmacêuticos e equipamentos médicos dispostos em colunas sobre uma mesa comprida. No final de cada coluna, havia fotos do falecido em seus momentos mais felizes e mais tristes e, na sequência, em seus dias finais.

Olhando para aqueles rostos, de repente pensei em meu pai e nos oito anos de doença que precederam sua morte.

---

* Vivendo e Morrendo. (N. da T.)
** Do Berço ao Túmulo. (N. da T.)

Ocorreu-me que Papai também acabara de fazer trinta anos quando entrei em sua vida.

Andei para cima e para baixo na instalação, estudando cada fotografia, contemplando cada vida, e não conseguia parar de pensar em meu pai. Ele devia ser muito parecido comigo aos trinta anos, recém-saído da ignorância para o conhecimento, despido de toda ingenuidade, a vida começando a entalhar rugas em suas bochechas à medida que ele se deparava com a realidade. Será que havia encontrado uma forma de reconciliar seus desejos com essa realidade? Compreendeu a nova vida que vinha a seu encontro? Independentemente do que sentiu, do que pensou, seu derradeiro destino o espreitava, esperando para tomá-lo como refém...

Foi então que percebi que nunca conheci Papai de verdade, ainda que fôssemos a parte mais importante da vida um do outro. A rigor, eu só conhecia sua vida e sua história em seu papel como meu pai. Além dessa faceta, porém, eu nunca o vira de verdade; nunca o compreendi, exceto como meu pai.

A constatação me deixou extremamente triste.

Costumo dizer a meus amigos que a maior gentileza que se pode fazer a alguém é tentar compreendê-lo. Ao se sentar com as pessoas, olhá-las nos olhos e ouvi-las falar, é possível perceber todas as reviravoltas, os momentos-chave e os acasos que as levaram até onde estão; é possível ver o que as moldou a seu estado atual; e, quando descobrir a maneira como elas veem o mundo e como usam esse conhecimento, poderá começar a entendê-las. Só quando passa a enxergá-las assim é que as conhece de fato.

Eu nunca tinha visto meu pai de verdade e havia perdido minha chance. Comecei a me preocupar com a possibilidade de repetir esse erro com outras pessoas em minha vida. A consciência dessa possibilidade era um medo plantado no fundo do meu coração.

Um mês após voltar de Londres, comecei a tentar usar as memórias de Papai para escrever um ensaio. Desejava encontrar reminiscências de meu pai, estender a mão e tocar tudo que conseguisse acerca de sua existência, a fim de tentar conhecê-lo de verdade. Esse ensaio se tornou o capítulo "Fragilidade". Achei que era a melhor maneira de reter um pouco de sua memória e de me despedir dele, bem como de registrar um pouco dos meus próprios medos e ansiedades.

Terminar esse ensaio provocou em mim uma sensação de urgência: não queria mais parar. Se fui capaz de vislumbrar toda a essência de meu pai, talvez devesse tentar conhecer outras pessoas em minha vida também, e honrá-las da mesma forma. Navegaria contra o impetuoso rio do tempo para tentar preservar algo de cada uma delas. Era também uma forma de me compreender. Afinal, são as pessoas em nossas vidas que nos transformam em quem vemos refletido no espelho.

Depois que tomei essa decisão, escrever este livro não era mais uma vontade, era uma necessidade. Antes de embarcar neste projeto, eu via a escrita principalmente como uma questão de habilidade técnica, mas agora percebo que se trata de expressão e de proporcionar aos leitores uma janela através da qual possam realmente enxergar as outras pessoas, seu mundo e todas as possibilidades que ele contém. A literatura nos completa.

Assim que cheguei a essa conclusão, escrever ficou ainda mais difícil.

O jornalismo se tornou um meio de vida, mas, antes disso, eu era um menino estudioso com o sonho de escrever. Comecei a trabalhar na mídia para me sustentar, mas também tinha um objetivo secreto: melhorar minhas habilidades como escritor em preparação para um retorno ao mundo literário. Trabalhei na mídia por onze anos, produzi 2,6 milhões de caracteres e encontrei um lugar para uma escrita mais complexa e abrangente. Achei que finalmente tinha o talento para encarar o mundo, a mim mesmo e todas as pessoas com quem me importava, mas acabou não sendo o caso.

Quando comecei a criar esses ensaios, percebi que escrever é como uma cirurgia em que o bisturi sangra minha própria carne. Quando contava a história de outras pessoas, eu podia traduzir a dor delas em minha escrita sem carregar seus fardos. Mas, quando comecei a escrever este livro, cada expressão de dor registrada por minha caneta era entalhada em meu próprio coração. Foi isso que propiciou autenticidade ao texto. Finalmente entendi por que os primeiros livros da maioria dos escritores são sobre si mesmos e suas próprias questões: um escritor deve dissecar-se antes de voltar sua atenção para os outros.

Durante o processo, alguns dos ensaios deste livro pareciam estar sendo arrancados da minha medula óssea. Eram histórias que me tocavam profundamente, e muito preciosas para mim. Eu as conhecia tão bem que pareciam tatuadas em meus ossos. Quando chegava a hora de escrever, era quase como esfregar o papel sobre essas tatuagens até que se traduzissem em palavras.

Enquanto escrevia "A Casa da Minha Mãe", finalmente compreendi seu amor eterno, mas inexprimível; em "Casulo", entendi o legado de Nana; em "Amigos Celestiais", percebi o que as pessoas são capazes de fazer para fugir do arrebatamento das emoções...

E, enquanto escrevo, percebo como é importante conhecer verdadeiramente as pessoas que prezo e descobrir suas respostas às perguntas que todos enfrentamos.

Temos sorte de sermos tão diferentes. É isso que torna nosso mundo tão rico. E também temos sorte de termos tanto em comum. Se fizermos um esforço, conseguiremos identificar o que todos nós compartilhamos. É nessas semelhanças que nos espelhamos uns nos outros e transmitimos afeto.

Acho que esse é o derradeiro significado da escrita, e também da leitura. Espero que meu livro possa ajudar o leitor a realmente conhecer as pessoas e a si mesmo.

Este livro é dedicado ao meu pai e à Nana, que não estão mais conosco; à minha mãe, que sempre esteve ao meu lado; e à minha esposa, à minha irmã e à minha filha.

Amo vocês e sei que vocês me amam!

Projetos corporativos e edições personalizadas
dentro da sua estratégia de negócio. Já pensou nisso?

Coordenação de Eventos
Viviane Paiva
viviane@altabooks.com.br

Contato Comercial
vendas.corporativas@altabooks.com.br

A Alta Books tem criado experiências incríveis no meio corporativo. Com a crescente implementação da educação corporativa nas empresas, o livro entra como uma importante fonte de conhecimento. Com atendimento personalizado, conseguimos identificar as principais necessidades, e criar uma seleção de livros que podem ser utilizados de diversas maneiras, como por exemplo, para fortalecer relacionamento com suas equipes/ seus clientes. Você já utilizou o livro para alguma ação estratégica na sua empresa?

Entre em contato com nosso time para entender melhor as possibilidades de personalização e incentivo ao desenvolvimento pessoal e profissional.

PUBLIQUE SEU LIVRO

Publique seu livro com a Alta Books. Para mais informações envie um e-mail para: autoria@altabooks.com.br

CONHEÇA OUTROS LIVROS DA **ALTA BOOKS**

Todas as imagens são meramente ilustrativas.

 /altabooks   /alta-books   /altabooks   /altabooks

Este livro foi impresso nas oficinas gráficas da Editora Vozes Ltda.,
Rua Frei Luís, 100 – Petrópolis, RJ.